«Carlos Erazo es un hombre valiente. Pocos se atreverían a desenredar las telarañas culturales de nuestros tiempos con semejante audacia, inteligencia y claridad. Adicionalmente, ofrece opciones y alternativas prácticas para ejercer nuestra influencia en la sociedad como seguidores de Jesús. Felicidades, Carlos. Nuestro mundo necesita este libro».

—Marcos Witt. Pastor y cantante de música cristiana,
ganador de varios premios Grammy Latinos

«Al leer este libro, no he podido evitar imaginarme a Carlos Erazo como un profeta de Dios, parado en medio de la avenida de una gran ciudad de nuestros días, proclamando una advertencia divina de gran transcendencia mientras miles de personas se cruzan con él sin siquiera mirarle, errantes de un lado a otro de la avenida, con sus mentes capturadas por los dispositivos móviles que llevan casi integrados en el cuerpo, incapaces de despertar del hechizo de la era digital que los tiene hipnotizados. Pero Carlos no se rinde, y sus palabras, que son el eco de la voz de Jesús hablando a nuestra generación, despiertan a algunos de ese hechizo digital y los liberan para poder responder al llamado divino, "dejando sus redes" y siguiendo a Jesús como sus discípulos valientes. Libres para liberar a otros.

»Este libro es ese mensaje divino transcendente que resuena en medio de tanto ruido digital, entre la música en Spotify, los memes en WhatsApp, las fotos con filtros en Instagram, los bailecitos en TikTok y el porno en OnlyFans que intentan ahogar la voz de Dios susurrando a tu alma: "Tengo algo eterno para ti". Dios está hablándonos a través de estas letras, esperando ser escuchado por alguien. Este libro es una advertencia del peligro de la era digital, pero también un desafío a ser discípulos de Jesús en el mundo de hoy».

—Itiel Arroyo. Predicador, autor y mentor

«Carlos comparte un relato compasivo y amoroso que invariablemente atrae al lector a vivir lo que el autor mismo ha experimentado. Su libro *Sígueme* trata temas actuales que pueden ser difíciles e incómodos, pero siguen el modelo de Jesús, confrontando a esta generación con la verdad y en amor. Su mensaje llega en un momento muy oportuno, encendiendo una luz en tiempos de oscuridad y confusión. Estoy seguro de que, aunque la narrativa es actual, nunca pasará de moda, ya que está totalmente fundamentada en la Palabra de Dios y no en opiniones personales. Agradezco a Dios por levantar voces jóvenes y valientes como la de Carlos, que practican lo que predican y todo lo que hacen apunta a Jesús, como este libro, cuyo único propósito es traer restauración y lograr que todo aquel que esté alejado de Jesús pueda entender que fue creado a imagen de Dios, encontrando libertad en Él».

—Paul Lewis. Pastor principal en Lakepointe Church en Español

«En esta época nos acostumbramos tanto a "seguir" a las personas en redes sociales que hasta llegamos a olvidar el verdadero significado de esta palabra. El libro de Erazo me permite conocer y recordar los verdaderos fundamentos que implican seguir a Jesús en la actualidad. Si este libro fuera un tiktok, lo reenviaría a todos sin pensarlo dos veces».

—Iván Bustillo. Creador de contenido digital y productor audiovisual

CARLOS ERAZO

SÍGUEME

CÓMO **SEGUIR A JESÚS** HACE LIBRE A
NUESTRA GENERACIÓN EN**RED**ADA
EN INFLUENCIAS IDEOLÓGICAS

 Vida

PUBLICADO POR EDITORIAL VIDA, 2024
Nashville, Tennessee, Estados Unidos de América.
Editorial Vida es una marca registrada de HaperCollins Christian Publishing, Inc.

Diseño interior: *Deditorial*

ISBN: 978-1-40033-708-8
E-Book: 978-1-40033-709-5
Audio: 978-1-40033-710-1

CATEGORÍA: Religión / Vida cristiana / Crecimiento espiritual

IMPRESO EN ESTADOS UNIDOS DE AMÉRICA
PRINTED IN THE UNITED STATES OF AMERICA

*Dedico este libro a todos aquellos cuyo objetivo
más grande es vivir para la gloria de Dios.*

«El soldado en servicio activo no se enreda en los negocios de la vida diaria, a fin de poder agradar al que lo reclutó como soldado».

—2 Timoteo 2:4, énfasis añadido

CONTENIDO

INTRODUCCIÓN

YOUTUBER «CRISTIANO»

«DIOS, TE PIDO QUE ME DES UN MILLÓN DE SUSCRIPTORES ANTES DE QUE se acabe el año 2012».

Esa fue mi oración secreta cuando comencé mi canal de YouTube en diciembre del 2011 con el objetivo de compartir a Jesús con mis amigos. Tenía 19 años. Recuerdo haber hecho esta oración con muchísima fe, valentía y convicción, pensando que, si le iba a pedir algo a Dios, ¿por qué no pedirle algo imposible?

¿Sabes qué pasó después? No mucho. Creo que llegué a los doscientos suscriptores unos meses más tarde. Y antes de terminar ese año 2012, mi canal llegó más o menos a los tres mil o cuatro mil suscriptores. Independientemente, lo que hice después fue sumergirme en las redes sociales por los siguientes diez años.

Y cuando digo *sumergirme* no me refiero a que de vez en cuando subía fotos mías con amigos o veía videos chistosos casualmente cuando no tenía nada más que hacer. Sino que por los últimos diez años he sido YouTuber, predicador y creador de contenido creativo digital en redes sociales como mi «trabajo a tiempo completo» con el propósito de hablarles a otros sobre Jesús y lo que nos enseña la Biblia acerca de Él. Hacer esto ha sido y sigue siendo mi obsesión.

Para darte un poco de contexto, nací y viví mi adolescencia en los años 1990 y 2000, en El Salvador. Soy de la generación del Nintendo 64, del nacimiento de *World Wide Web* (Red Informática Mundial) y del iPod. Pero entre las cosas que más influyeron en mí desde pequeño está el canal de televisión llamado MTV, siglas que significan *music television* (televisión con música).

Crecí viendo MTV en los noventa. Su creatividad, su música y sus programas me inspiraron a soñar con que algún día tendría mi propio canal de televisión, haría mis propios videos y mi propia música, y compartiría un mensaje de forma creativa. Algunos se estarán preguntando por qué mi programa favorito era un canal que en su tiempo se conocía como un movimiento de rebeldía, música provocativa, programas irreverentes, y en cierto sentido, promoción de arte con elementos no aptos para la familia. Y la razón, creo yo, es la siguiente:

Crecí en un hogar cristiano. Desde pequeño mi mamá me guio a hacerle una oración a Jesús para entregarle mi vida a Él.

Jesús se tomó en serio esa oración.

A pesar de que había tenido un encuentro con Él, la mayoría de mi tiempo lo pasaba con amigos que no habían tenido ese mismo encuentro. Siempre luché con una tensión en mi interior de que soy similar a mis amigos: nos gustan las mismas cosas, compartimos una amistad, hacemos cosas juntos, pero a la vez fui llamado a ser diferente a ellos. Dios me escogió para sus propósitos, no para dejarme influenciar, sino para ser un factor de influencia y de bendición para otros.

Por esa razón, desde entonces, siempre tuve una carga en mi corazón. Si Jesús es quien dijo ser, y yo le he conocido, pero mis amigos no, si yo realmente amo a mis amigos, no tengo más opción que hablarles de

Jesús. Y eso hice. Uno a uno. A lo largo de los años. Especialmente a mis amigos más cercanos.

En medio de todo esto, pasan los años y en el 2005 nace una plataforma social de video llamada YouTube. En el 2011 descubrí que había creadores de videos que estaban compartiendo su contenido para que otros los vieran. En ese momento me dije: *Si ellos pueden hacerlo, ¿por qué no yo?* Se me ocurrió en aquel entonces que quizás había un propósito detrás de mi pasión por el arte digital (hacer videos, televisión, música, proyectos creativos) y mi carga por hablarles a otros sobre Jesús.

Tal vez, pensé, *Dios podría usar esas dos cosas juntas.*

Así que comencé un canal de YouTube y me propuse crear y subir un video por semana. El nombre de mi nuevo proyecto en YouTube era «Proyecto GTG». Las siglas GTG significan *Glory to God* (Gloria a Dios), ya que quería que mis amigos fueran expuestos a la gloria, belleza y grandeza de Dios, y que fuesen cautivados por eso al aprender sobre Jesús.

Algo que quizás vale la pena aclarar es que antes de comenzar este proyecto, Dios me había permitido pasar más de seis años compartiendo mensajes a mis amigos en un estudio bíblico semanal. Cada jueves nos reuníamos en mi casa con este grupo pequeño de amigos, que no conocían de Jesús, y les compartía un mensaje de la Biblia por más o menos treinta minutos.

Recuerdo que pasaba horas preparando mis mensajes, porque al momento de hacerlo venían a mi mente muchísimas preguntas sobre la Biblia. Esto me motivaba a investigar y leer mucho para estar preparado a la hora de responderlas. Uno de los versículos de la Biblia que memoricé desde aquel entonces fue 1 Pedro 3:15: «*Estando* siempre preparados para presentar defensa ante todo el que les demande razón de la esperanza que hay en ustedes. Pero *háganlo* con mansedumbre y reverencia».

A veces éramos seis personas en este pequeño estudio bíblico. Con el tiempo, llegamos a ser un grupo de hasta veinticinco o treinta jóvenes reuniéndonos cada semana. Así que cuando comencé mi canal de YouTube me propuse que, en cierto sentido, fuese una extensión de un estudio bíblico, pero con el potencial de alcanzar a más que solo veinticinco o treinta personas.

En los primeros meses, solo algunos de mis amigos en Facebook veían mis videos, además de mi mamá, y quizás hasta mis abuelitas y tías. Y como este era el caso, rápidamente me desilusioné. Recuerdo que tan solo unos meses después de hacer esto pensaba: *Qué pérdida de tiempo. Qué pena grabarme a mí mismo. Nadie ve mis videos. Quizás ya no debería seguir...*

Pero durante una semana en particular, Dios me habló a través del mismo versículo en la Biblia. Una y otra vez; aunque yo no busqué esta palabra, esta palabra me encontró a mí: «No nos cansemos de hacer el bien, pues a *su tiempo*, si no nos cansamos, segaremos» (Gálatas 6:9, énfasis añadido).

Déjame interrumpir mi propia historia y aprovechar este versículo para decirte:

No te canses.

No desmayes.

Sigue adelante.

Sé paciente.

La cosecha no viene de la noche a la mañana. En un tiempo en el que todo es rápido e instantáneo, recuerda esto: el plan que Dios tiene para tu vida y la promesa que Él te ha dado vienen con un proceso y ese proceso toma tiempo. Por eso necesitas desarrollar *paciencia*.

Más de diez años después, junto con mi esposa Brooke, hemos invertido miles y miles de horas creando cientos de videos que hasta la fecha acumulan más de cien millones de vistas en diferentes plataformas. Hay familia GTG ubicada en más de cincuenta países. Por la gracia de Dios, mi esposa y yo hemos tenido la oportunidad de visitar diferentes ciudades en Latinoamérica compartiendo a Jesús en distintas iglesias, conferencias, congresos, eventos y más. Hemos colaborado con amigos. Hemos lanzado varios proyectos musicales. Hemos creado diferentes eventos en los cuales incorporamos música, comedia y mensajes para alcanzar a una nueva generación de una forma diferente y creativa.

Todavía hay mucho por hacer, crear y soñar.

Pablo, el escritor bíblico, se refiere a esto en su carta a los Romanos: «Porque no me avergüenzo del evangelio, pues es el *poder* de Dios para la salvación de todo el que cree, del judío primeramente y también del griego» (Romanos 1:16, énfasis añadido).

No se trata de personalidad. No se trata de talento. No se trata de esfuerzo natural. Se trata del poder sobrenatural de Dios moviéndose en nuestro tiempo a través de personas imperfectas que están dispuestas a decirle que sí a Dios y a su llamado.

Por esa razón, hoy también formo parte del equipo pastoral de mi iglesia local en Dallas, Texas, sirviendo en inglés y en español a nuestras comunidades que se reúnen en persona, en línea y a través de las redes sociales cada semana. Hasta la fecha continúo aprendiendo cómo seguir a Jesús en mi vida personal, y a la vez darle el mejor uso a los medios de comunicación y las redes sociales para que otros puedan conocerlo.

Sin embargo, durante más de diez años, aparte de todo esto, con el tiempo también fui notando algunas peculiaridades en mi vida personal. A pesar de estar rodeado de familia y amigos, pasaba más y más tiempo sumergido en mi teléfono o en mis redes sociales.

Dicen que desde una perspectiva neurocientífica, lo primero que haces al despertar y lo último antes de dormir constituye una de las actividades más formativas para tu cerebro.[1] Irónicamente, por mucho tiempo, lo primero que hacía al levantarme cada mañana era chequear mi teléfono y mis redes sociales. Veía cuántos *likes* había recibido mi contenido, leía comentarios (muchos negativos) y me distraía con cualquier otro contenido que encontraba ese nuevo día.

En muchísimas ocasiones pude haber creado memorias con amigos, pero decidí quedarme en casa solo consumiendo contenido en redes sociales o creando contenido para mis redes. Esto hizo que perdiera algunas amistades.

Rara vez tenía tiempo de descanso. Llegué a conectar e interactuar con una comunidad en línea de cientos de miles de personas, pero en mi interior me sentía más desconectado, más solo y aislado que nunca.

Empecé a tener temporadas en las que estaba cada vez más ansioso, deprimido e inseguro de mí. Consideraba que tenía que proyectar cierta imagen y una personalidad ideal, y me sentía incómodo e insatisfecho cuando esa imagen proyectada en mis redes sociales no coincidía con lo que yo realmente soy. Me encontré más y más influenciado de forma negativa por personas a las que seguía. Las críticas, palabras ofensivas y comentarios negativos contra mí me afectaban mucho. En más de una ocasión consumí contenido en redes sociales que sabía que traía daño a mi salud mental y que no era consistente con mi identidad como seguidor de Jesús.

Mi enfoque y obsesión en muchas formas pasó de estar fijo en Jesús a estar más en mí mismo: mi trabajo creativo, mi imagen, mis seguidores, mi reputación, mi comodidad, mis sentimientos y mis ambiciones.

Hablaba mucho de Jesús, pero hablaba poco con Jesús.

La gente me conocía como «cristiano», pero tomando en cuenta mi comportamiento, mis motivos y prioridades, no estoy seguro de que mi vida se viera tan diferente a la de cualquier otra persona.

¿Te identificas con algunas de estas luchas o seré el único?

¿Cómo es posible que, siendo un seguidor de Jesús cuya pasión, obsesión y enfoque más grande eran compartirles a otros de Jesús, sintiera que mi vida se parecía menos y menos a la vida de Jesús y lo que Él enseña?

¿Cómo es posible que me encontrara viviendo una versión barata, pasiva y mediocre de la vida que Jesús me llamó a vivir?

¿Cómo es posible que no hubiera tantas características diferentes, radicales y sobresalientes en mi vida, si Jesús me había llamado a ser como Él, la persona más provocativa, extraordinaria y contracultural en la historia?

Con el tiempo, llegué a darme cuenta de cómo la influencia de las redes sociales en mi vida y en nuestra generación, en vez de contribuir a ser *conformados* al carácter de Jesús, ha contribuido a ser *deformados* del carácter de Jesús.

Necesitaba volver a lo esencial de lo que significa seguir a Jesús.

Si este libro fuese un video en YouTube, probablemente sería censurado, criticado o clasificado como contenido «sensible», ya que en los siguientes capítulos exploraremos juntos qué significa realmente seguir a Jesús de forma práctica.

Tocaremos temas complejos de la vida real. Les compartiré anécdotas y experiencias personales. Aprenderemos algunas cosas nuevas juntos. Profundizaremos en lo que la Biblia dice y lo que Jesús realmente nos enseña con respecto a las ideologías más populares de hoy en día, algunas verdaderas y otras falsas, sobre tu identidad, la sexualidad, la popularidad, la salud mental, las redes sociales y otros temas similares.

Mi oración es que, a través de los siguientes capítulos, de forma sobrenatural Dios pueda hablarte, consolarte, animarte, inspirarte, incomodarte, desafiarte, y provocarte hacia un cambio de corazón, pensamiento y comportamiento.

Este libro no tiene todas las respuestas, pero trata sobre el que sí las tiene. Su nombre es Jesús.

¿Están listos?

¡Comencemos!

PARTE 1
JESÚS

Y LO QUE REALMENTE SIGNIFICA SEGUIRLE

CAPÍTULO 1

LAS REDES SOCIALES TE ESTÁN INFLUYENDO MÁS DE LO QUE PIENSAS

«Me *enredaron* las cuerdas de la muerte [...]
Pero en mi angustia, clamé al Señor [...] me
rescató porque en mí se deleita».
—Salmos 18:4-19, NTV, énfasis añadido

CUENTA LA HISTORIA QUE EN 1933, EN ALEMANIA, UN JOVEN LLAMADO Dietrich Bonhoeffer se dio cuenta de que el gobierno nazi de su tiempo había comenzado a crecer en influencia a tal punto que la misma estaba sutilmente penetrando las iglesias. Los creyentes de este tiempo empezaban a parecerse más y más a Hitler y sus ideologías que a Jesús y sus enseñanzas. Como respuesta a esta influencia cultural que se introducía sutilmente dentro de la iglesia de ese país nació, en 1934, un movimiento llamado la «Iglesia Confesante». Este movimiento se propuso enfocarse en ser fieles a Jesús por encima de cualquier otra influencia, incluyendo la de su gobierno, cultura y cualquier otra ideología popular.

Bonhoeffer fue parte de este grupo. En 1935, él se convirtió en director de una escuela bíblica secreta para explicarles a otros lo que Jesús enseña y cómo poner en práctica en la vida diaria sus enseñanzas, a pesar de lo peligroso o costoso que podría llegar a ser. Ellos decían:

«La influencia de Jesús necesita ser más fuerte que la influencia de la cultura en nuestro tiempo».[1]

En la actualidad, más de la mitad de la población mundial está conectada a las redes sociales; es decir, son más de cuatro mil millones de seres humanos. La persona promedio pasa el 40 % de su día entero en línea y una buena parte de ese tiempo es usado indudablemente en las redes sociales.[2]

La persona promedio en Norteamérica hoy pasa alrededor de 2 horas y 27 minutos cada día sumergida en las redes sociales. En Suramérica, el promedio sube a 3 horas y 24 minutos. Los estudiosos esperan que este número solamente siga creciendo, y se cree que, de ser así, tomando en cuenta cuánto tiempo invertimos cada día en las redes sociales, estaremos en camino a ser una generación en la cual cada persona pasará un total de 10 años acumulados sumergida en las redes sociales.[3]

Otro estudio encontró que la generación *millennial* o del milenio pasa alrededor de 2800 horas al año consumiendo contenido digital, pero solamente 153 horas consumiendo contenido que tiene que ver con su relación con Jesús.[4]

La poeta Mary Oliver dijo en cierta ocasión que tu devoción es el resultado de aquello a lo que le pones atención.[5]

El tiempo que pasamos en las redes sociales, la forma en que las usamos, el contenido que compartimos, lo que consumimos y las personas que seguimos, todo esto tiene una influencia tan grande en nuestras vidas que en cierta forma no es una exageración decir que las redes sociales y lo que estas traen te están influyendo más de lo piensas.

Para la mayoría de nosotros, la influencia de la cultura popular, las redes sociales y las ideologías populares de hoy en día son más fuertes que la influencia de Jesús en nuestras vidas. Y mucha de esta influencia, seguimos descubriendo, no ha sido positiva. Esto resulta en lo que yo llamo una generación *enredada*.

SOMOS UNA GENERACIÓN EN*RED*ADA

El internet en general, las páginas web que visitamos en particular y las redes sociales en especial nos han influenciado más de lo que pensamos. Resulta curioso que cada una de estas influencias tiene la palabra «red» en su definición. La palabra «internet» viene de «inter» y «net», que significa una *red* digital interconectada con otras redes. La palabra «web» aparte de significar una tela de araña, literalmente también se refiere a una *red*. Y, por último, las redes sociales son conexiones o *redes* entre personas por todo el mundo.

Cuando estamos sumergidos (o ahogándonos) entre tantas redes, estas se vuelven tan influyentes que pasamos de ser *formados* por Jesús a ser *deformados* por ellas.

Terminamos convirtiéndonos en una generación en*red*ada.

El Diccionario de la Real Academia Española define la palabra «enredo» como una complicación difícil de salvar o remediar en algún suceso o lance de la vida. Entonces, el estar enredado, para nuestro contexto, significa quedarse atrapado en algo.[6] De acuerdo con esta definición, nuestra generación se encuentra actualmente enredada en las redes del internet, las páginas web que visitamos con frecuencia, las redes sociales y las influencias ideológicas que encontramos ahí.

Somos una generación enredada en constante distracción. En una encuesta, el 90 % de los jóvenes adultos dijeron que sus amigos o familiares en algún momento dejan de ponerles atención para agarrar su teléfono, y esto les sucede por lo menos una vez por semana.[7] Vivimos enredados en una obsesión con nosotros mismos. En el 2022, nos tomamos 92 millones de selfis,[8] y los algoritmos en las redes sociales están diseñados para mostrarnos nuestros intereses personales, presentarnos un contenido que afirme lo que ya creemos y conectarnos con otros que creen lo mismo que nosotros. Todos parecen estar en búsqueda de más felicidad, más satisfacción y más autorrealización.

Además, nuestra generación más que nunca desea llegar a ser popular y obtener la aprobación de otros. Según estudios, uno de cada tres *millennials* quiere ser famoso[9] y uno de cada cuatro jóvenes de la generación Z quiere llegar a ser *influencer* en las redes sociales.[10] La mayoría muy probablemente admitiríamos que nos preocupamos demasiado por lo que otros piensan de nosotros.

Nuestra generación también lucha con el enredo de la ansiedad. Por definición, la «ansiedad» es un estado de gran inquietud y extrema inseguridad, y hasta la fecha somos la generación más ansiosa de la historia. En Estados Unidos solamente, el 18 % de la población adulta lucha con un desorden de ansiedad, según la Anxiety and Depression Association of America,[11] mientras que el 70 % de la generación Z dice que la ansiedad es un problema grave entre sus compañeros.

Aparte de luchar con la ansiedad, como generación luchamos también con el enojo, la depresión, el resentimiento y temor.[12] No necesitas pasar mucho tiempo en las redes sociales para encontrar perfiles, páginas y personas peleándose, criticándose, en vez de examinar y debatir ideas de manera respetuosa e inteligente, y atacándose de formas que nunca lo harían en persona y en público. El 90 % de los jóvenes en una encuesta admitieron haber experimentado un comportamiento abusivo en línea, como *bullying* o acoso, así como recibir imágenes explícitas no solicitadas y amenazas de algún tipo.[13] Y las noticias, artículos y contenido en redes sociales que más tráfico reciben son los que comunican este tipo de sentimientos, los cuales son muy contagiosos.

Somos adictos a nuestros teléfonos, a consumir contenido digital y a la pornografía. Luchamos con una baja autoestima e inseguridad. Tenemos más información y conocimiento que nunca, pero muy poca sabiduría y muchísima más confusión sobre lo que es y no es verdad. Y como si fuera poco, esto y más se ha vuelto algo *normal* en nuestras vidas.

No sé tú, pero yo necesito ayuda.

Si Jesús dijo que Él es el camino, la verdad y la vida, yo quiero eso que Él tiene que ofrecer. En medio de nuestro tiempo tan peculiar y único, Jesús nos ofrece algo diferente.

Resulta irónico que, a pesar de que Jesús nunca tuvo redes sociales, aun así hoy tiene miles de millones de seguidores, más influencia que cualquier otro en la historia y su movimiento hace más de dos mil años sigue haciéndose viral. Su llamado nunca fue para que seas un seguidor casual solamente, sino para ser un discípulo que de manera radical busca aprender y ser más como su Maestro.

Algunos piensan que las enseñanzas de Jesús son solo para unos pocos fieles religiosos o para los que se preocupan por lo que sucede «después de morir», pero Jesús dijo: «El reino de Dios está entre ustedes» (Lucas 17:20-21).

La buena noticia que Jesús comparte no es que nosotros necesitamos intentar buscar y encontrar a Dios, sino que es Dios quien nos buscó y nos encontró a nosotros. El Creador del universo y de todo lo que existe no es un Dios distante, lejano e indiferente; es Uno que se ensucia con lo ordinario de nuestra humanidad. Uno que anhela conocerte íntimamente, conquistar tu corazón y transformarlo para que seas la persona que Él diseñó. Esta buena noticia que Jesús comparte también nos dice que todo lo que hoy está mal en nuestra tierra, toda injusticia, todo dolor, toda enfermedad, toda lágrima y sufrimiento, todo enredo, Dios ha venido a cancelarlo.

Hoy muchos cancelan gente en las redes sociales. Dios cancela pecados. Dios cancela injusticias. Dios cancela dolores. Dios cancela males. Dios cancela enredos.

La influencia de tu *teología* necesita ser más fuerte que la influencia de tu *tecnología*.[14]

JESÚS TE HACE VERDADERAMENTE LIBRE

Una de las historias más influyentes en toda la narrativa bíblica es sobre cómo Dios trajo libertad al pueblo de Israel cuando estaban en una esclavitud literal bajo el imperio de Egipto y su influencia. Egipto tenía una cultura popular con muchísimos dioses falsos, creencias falsas e influencias ideológicas. ¿Te suena familiar? Y el pueblo de Dios estaba enredado en medio de esa cultura; era un grupo de gente esclavizada, atada y oprimida por más de cuatrocientos años.[15]

Con el tiempo, Dios hizo libre al pueblo de Israel. Pero el problema estaba en que la *influencia* de Egipto durante más de cuatrocientos años en los corazones de los israelitas no desapareció de la noche a la mañana solo porque Dios los había sacado de esa nación.

Ya no estaban en Egipto. Su fidelidad ya no le pertenecía a Egipto. Ya no eran lo que Egipto les decía que eran. Ya no tenían que hacer lo que Egipto los obligaba a hacer como esclavos. Pero en sus corazones seguían enredados en Egipto. Ya no eran esclavos, pero todavía necesitaban *libertad*.

Y por eso, cuando Dios los saca de la esclavitud en Egipto, los invita a tener una relación especial con Él. La palabra que usualmente se usa para describir esta relación es «pacto», que significa una promesa basada en ciertos términos y condiciones. Dios escoge a Israel para tener una relación especial con Él y para traer restauración, transformación y bendición a todas las naciones. Entonces, Dios les revela su ley, y para hacer este pacto «oficial» de manera simbólica, Moisés derramó la sangre de algunos animales sobre un altar y sobre la gente, y dijo estas palabras: «Esta es la sangre del pacto que el SEÑOR ha hecho con ustedes, según todas estas palabras» (Éxodo 24:8).

Si hasta ahorita estás un poco confundido. Aguanta un poquito conmigo.

Dios saca a Israel de Egipto. Él sabe que Egipto sigue enredado en los corazones del pueblo de Israel. Dios los invita a tener una relación especial para ser de bendición al mundo entero a través de un pacto. La sangre es derramada. Dios le ofrece a Israel su ley y sus mandamientos con el propósito de darles libertad. Todo esto sucede en el libro de Éxodo, cuya temática central es la *libertad*.

Más de mil años después,[16] Jesús se reúne con sus seguidores y sucede lo siguiente: «Mientras comían, Jesús tomó pan, y habiéndolo bendecido, *lo* partió, y dándoselo a los discípulos, dijo: "Tomen, coman; esto es Mi cuerpo". Y tomando una copa, y habiendo dado gracias, se *la* dio, diciendo: "Beban todos de ella; porque esto es *Mi sangre del nuevo pacto,* que es derramada por muchos para el perdón de los pecados"» (Mateo 26:26-28, énfasis añadido).

¿Ese lenguaje sobre «sangre y un nuevo pacto» te resulta conocido?

Si te resulta conocido es porque se emplea el mismo lenguaje que encontramos en la historia de Israel cuando fue liberada de su esclavitud.

El libro de Éxodo trata sobre la libertad que Dios ofrece. Jesús nos brinda un nuevo Éxodo. Egipto, o mejor dicho nuestra cultura popular actual, sigue enredada en nuestros corazones, pero Jesús ofrece la verdadera libertad, la que desesperadamente necesitamos al enseñarnos a seguirle a Él.

Por eso, en otra ocasión, Jesús dijo esto de sí mismo:

> El Espíritu del Señor está sobre Mí,
> Porque me ha ungido para anunciar el evangelio a los
>   pobres.
> Me ha enviado para proclamar *libertad* a los cautivos,
> Y la recuperación de la vista a los ciegos;
> Para poner en *libertad* a los oprimidos;
> Para proclamar el año favorable del Señor (Lucas 4:18-19,
>   énfasis añadido).

Jesús vino a ofrecer libertad. Libertad de todo aquello que hoy te tiene «atrapado» o enredado, frustrado, atascado, adicto, atado, deprimido, emproblemado, preocupado, herido o perdido. Él vino con el propósito de rescatarte de cualquier rastro de Egipto o de nuestra cultura popular todavía enredado en tu corazón.

Puede ser una adicción a tu teléfono o a la pornografía. Puede ser una obsesión con algo que te trae daño. Puede ser una ideología o creencia falsa sobre algo en tu vida con implicaciones y consecuencias reales. Puede ser una relación que te hace mal. Puede ser un corazón que desea lo contrario a lo que Dios desea.

Puede ser algún deseo o hábito que te trae mal. Puede ser alguna influencia espiritual que desea hacerte daño. Puede ser tu propia religiosidad. Puede ser el fingir o pretender delante de otros ser alguien que no eres. O quizás hasta un estilo de vida pasivo o mediocre que se conforma con menos del estilo de vida que Dios te ha llamado a vivir.

El corazón de Dios late de amor por ti. Y si hubiese algo que se interpone para que hoy puedas conocerle más; si algo te tiene atrapado o enredado; si algo te tiene oprimido, distraído, perdido o lejos de su amor, gracia perdón y amistad, Él desea hacerte libre de ello. Jesús es quien te hace libre: «Así que, si el Hijo los hace libres, ustedes serán *realmente* libres» (Juan 8:36, énfasis añadido).

¿Le crees a Jesús cuando dijo que Él vino a ofrecer libertad?

¿Le crees a Jesús cuando afirmó que lo que resulta imposible para el hombre es fácil para Dios?

¿Crees que la vida que Él ofrece es mejor que la que te brinda cualquier otra ideología, movimiento, tendencia o moda?

Si tu respuesta es sí, todo comienza con una simple invitación:

Sígueme.

CAPÍTULO 2

¿CUÁL ES TU EXCUSA PARA NO SEGUIR A JESÚS?

«"No tengas temor ante ellos, porque contigo
estoy para *librarte*", declara el SEÑOR».
—Jeremías 1:8, énfasis añadido

ENTRE NUESTRA GENERACIÓN JOVEN HAY MÁS PERSONAS QUE DESEAN SER *YouTubers* famosos cuando crezcan, en vez de querer ser astronautas, profesores, atletas profesionales o músicos.[1]

¿Por qué será esto? Tengo mis sospechas, pero en lo que sí no hay duda es que hoy todos somos «seguidores» y todos tenemos «seguidores». Todos seguimos a amigos. Seguimos a personas que admiramos, *influencers*, líderes políticos, actores, creativos. Seguimos páginas, perfiles, plataformas, movimientos, modas, tendencias, y hasta cuentas de memes.

Pero hablando de «redes», la Biblia nos cuenta la historia de Pedro y su hermano Andrés.

Ellos eran pescadores. Su trabajo consistía, literalmente, en usar las redes. Esa era su profesión. Pedro y Andrés eran judíos. Esa era su cultura y su religión. En aquel tiempo y contexto, si eras judío, tendrías a tu disposición tres niveles básicos de educación.[2] En el primer nivel, desde niño hasta la edad de 10 años, aprendías a leer y escribir, y a memorizar los primeros cinco libros del Antiguo Testamento conocidos como la Torá (la ley de Dios).

Yo logré memorizar el salmo 23 cuando estaba en la escuela dominical, de pequeño, después de muchísimo esfuerzo y trabajo. Los niños judíos en ese tiempo se aprendían de memoria desde Génesis hasta Deuteronomio, completito.

Dame un segundo para sentir pena por mí. Gracias.

La gran mayoría de los niños judíos completaban sus estudios al terminar este primer nivel. Después de esa etapa era común formar una familia o comenzar a trabajar en el negocio de los parientes.

Por otro lado, si eras un estudiante con un poquito más de potencial intelectual pasabas al siguiente nivel académico, en el cual un maestro judío experto en la Torá te enseñaba a interpretar las enseñanzas bíblicas, y también memorizabas el resto del Antiguo Testamento.

Había un último nivel académico que consistía en profundizar en las enseñanzas bíblicas aún más y poner en práctica la ley de Dios en cada área de la vida diaria. Si calificabas para el siguiente nivel por ser tan inteligente, algo así como nivel genio, las mejores calificaciones, muchas actividades extracurriculares o la dedicación constante de un estudiante élite, entonces tenías la oportunidad de convertirte en lo que en aquel tiempo se llamaba «discípulo» de un maestro judío.

La palabra «discípulo» en la Biblia se puede traducir como un estudiante, un aprendiz, o en nuestro contexto, un... seguidor.

Pero un discípulo era algo más que solo un seguidor, como usamos hoy comúnmente esa palabra. Hoy en día cualquiera puede ser un seguidor o tener seguidores en sus redes sociales, y eso podría tener poca relevancia en tu vida personal. Un discípulo sí era un seguidor de su maestro, pero también era un practicante de todo lo que aprendía, alguien que vivía y respiraba todo lo que su maestro le enseñaba.

Para llegar a este nivel tenías que ser lo mejor de lo mejor, el más inteligente de los más inteligentes. Era necesario pasar por entrevistas con un maestro judío y realizar exámenes con preguntas difíciles para ver si de verdad conocías la Biblia.[3] Y después de este proceso, si el maestro judío consideraba que tenías el potencial necesario y la capacidad e inteligencia suficientes para algún día convertirte en un maestro de la ley de Dios, entonces él te haría la siguiente invitación:

«Sígueme».

Si tu maestro judío te llamaba a seguirle, a ser su aprendiz, tu respuesta era obvia.

Cuando un maestro judío te hacía esta invitación era como Yoda dedicándose a entrenar a Luke Skywalker, o Tony Stark invitando al Hombre Araña a ser parte de los Avengers, o como si la Universidad de Harvard o la mejor universidad en tu país te estuviera invitando a ser un estudiante de su institución. Si te pasara esto, sería un honor. Significaría que tu maestro ve algo único y especial en ti. Ve potencial. Ve grandeza en tu futuro. Ve posibilidades y oportunidades. Ve propósito. Tu maestro te enseñaría todo lo que él sabe, invertiría de su tiempo en ti, te instruiría con su experiencia, conocimiento y sabiduría.

Si tú eras escogido por un maestro judío, te convertías en su seguidor, su aprendiz, su estudiante, y de ese momento en adelante el enfoque más grande de tu vida estaba en seguir a tu maestro.

El filósofo Dallas Willard en su libro *The Divine Conspiracy*[4] [*La divina conspiración*] explica que un discípulo, seguidor o aprendiz de un maestro decide hacer estas tres cosas:

1.   *Estar* con su maestro.

Si tú eras un seguidor en los tiempos de la Biblia, literalmente estabas con tu maestro siempre. Caminaban juntos. Adonde él iba, ahí estarías tú también con el propósito de aprender de él.

2.   *Ser* como su maestro.

Al acompañar a tu maestro adondequiera que él iba, aprenderías sus enseñanzas. Creerías lo mismo que tu maestro. Comenzarías a parecerte más a él. Hablarías como él. Hasta te vestirías como él.

3.   *Hacer* lo que su maestro hace.

Siendo un seguidor, enseñarías lo que tu maestro enseña. Predicarías como tu maestro. Tratarías a otros como lo hace él. Todo lo que tu maestro pudiera hacer, tú lo harías también.[5]

En otras palabras, el objetivo del aprendiz, al *estar* con su maestro, es llegar a *ser* como él y *hacer* lo que él hace.

Jesús lo explicó de esta forma en Lucas: «Un discípulo no está por encima de su maestro; pero todo *discípulo*, después de que se ha preparado bien, *será como su maestro*» (Lucas 6:40, énfasis añadido).

Jesús ofrece una vida libre de todo aquello que te tiene enredado, atrapado o atascado. Y la forma en que nos hace libres es a través de su invitación a seguirle. Es entonces, en ese proceso de aprendizaje al estar con Jesús, ser como Jesús y hacer lo que Jesús hace, que se encuentra la verdadera *libertad*.

Pero volvamos a nuestros amigos Pedro y Andrés.

Ellos nunca llegaron a un alto nivel de excelencia académica. No alcanzaron las calificaciones requeridas. Muchos probablemente hubieran dicho que no tenían la inteligencia necesaria, el talento necesario, el potencial necesario y posiblemente tampoco los recursos necesarios. Si alguna vez te encontraras con Pedro y Andrés, muy probablemente los pasarías por alto. No había mucho que pudiese ser visto como impresionante o incluso interesante en sus vidas. Me imagino que ellos siempre se sintieron un tanto ordinarios. Por esa y más razones, no estoy seguro incluso de que Pedro y Andrés alguna vez hayan soñado con la posibilidad de ser escogidos por ningún maestro judío.

¿Cuándo fue la última vez que te sentiste un poco como Pedro y Andrés?

Alguien un tanto ordinario, poco interesante, con más de algún problema y posiblemente hasta inseguro de ti mismo. Quizás en tu pasado tenías sueños, anhelos, metas y deseos, y por un tiempo intentaste ir tras esos sueños, pero lo que ofreciste no fue suficiente. Tu esfuerzo, tu talento, tu capacidad, tus fuerzas, tu inteligencia, no son tan impresionantes.

La chica que te gustaba te dijo que no. El trabajo que querías se lo dieron a alguien más. La carrera con la que soñaste no es la que tienes hoy. La familia que deseaste todavía no existe. La expectativa que tenías para tu vida no es la realidad en la que vives. La oración que le hiciste a Dios no ha recibido respuesta todavía. O quizás simplemente estás pasando por una temporada difícil con pruebas, desafíos y dificultades personales. Y por esa u otra razón hoy sientes desánimo, desilusión y posiblemente apatía.

En la Biblia encontramos otro personaje llamado Jeremías, quien tiene un encuentro con Dios en el que, con otras palabras, también se le dijo *Sígueme*. Dios le dice a Jeremías que ha sido escogido por Él para ser su mensajero, pero Jeremías le explica a Dios que lo que tiene para ofrecer no es suficiente. ¡Jeremías le responde a Dios diciendo: «Soy muy joven y no sé hablar»! A lo que Dios contesta:

> Pero el SEÑOR me dijo:
> «No digas: "Soy joven",
> Porque adondequiera que te envíe, irás,
> Y todo lo que te mande, dirás.
> No tengas temor ante ellos,
> Porque contigo estoy para librarte», declara el SEÑOR.
> Entonces el SEÑOR extendió Su mano y tocó mi boca. Y el
> SEÑOR me dijo:
> «Yo he puesto Mis palabras en tu boca» (Jeremías 1:7-9).

Dios tenía un llamado. Jeremías responde con una excusa. Esa excusa era lo que Jeremías veía como su obstáculo, su debilidad, aquello que lo descalificaba para ser escogido y usado poderosamente por Dios.

Es más, a lo largo de la Biblia encontramos que Jeremías no fue el único que luchó con algo así.

Abraham dudó de la promesa de Dios porque era viejo. Lea se sintió deprimida porque era fea y despreciada. Moisés le dijo a Dios que había escogido a la persona equivocada porque no podía hablar bien. David no fue ni siquiera considerado por su padre para ser ungido por Dios a través del profeta Samuel porque era muy joven. Jonás intentó huir de la presencia de Dios porque era inmaduro, desobediente y amargado. Elías le pidió a Dios que le quitara la vida porque tenía miedo. Juan el Bautista desconfió de que Jesús fuera realmente el Mesías porque estaba atrapado en una prisión. Marta experimentó frustración con Jesús porque era obsesiva y controladora. Pedro luchó con vergüenza y culpa cuando se le acusó de seguir a Jesús y lo negó porque era cobarde.[6]

Parece que estamos en buena compañía.

Como estos ejemplos hay más. En la Biblia encontramos una lista considerable de persona tras persona con traumas, problemas, desafíos, inseguridades, dudas y limitantes. Pero todo cambió cuando cada una de ellas fue escogida por Dios e invitada a seguirle. Un sabio escritor dijo en cierta ocasión: «¡Dime tu excusa y te diré en qué quiere usarte Dios!».[7] Piensa en tu inseguridad, tu impedimento, tu desafío, tu preocupación, tu incomodidad, tu lucha personal, tu miedo, tu duda... y te diré en qué quiere usarte Dios.

Le excusa de Jeremías fue su edad. ¿Cuál es la tuya? Quizás sea que no tienes las condiciones ideales para hacer lo que Dios te llamó a hacer. Quizás alguien te hirió en tu pasado. Quizás piensas que el país o la ciudad en que vives te limita. Quizás nadie en tu familia te apoya o sientes que los errores en tu pasado te descalifican. Quizás tienes miedo o algún trauma o discapacidad.

Pedro y Andrés también tenían sus excusas, pretextos, inseguridades, incertidumbres y más. Hasta que llegó uno llamado Jesús de Nazaret.

Y en ese momento Jesús les hace una invitación que literalmente cambiaría por completo las vidas de estos dos hombres cuyo tiempo era invertido en sus redes. Jesús, el Maestro de maestros, les dijo: «Síganme».

Necesitas saber una cosa. Dios te está llamando. Hoy Jesús te hace una invitación de forma personal e individual:

Sígueme.

Piensa bien lo radical que es esto. El mismo Jesús que separó la historia en dos; aquel a quien el viento y el mar obedecen; el que violentamente hace temblar de miedo a los demonios; el que derramó su sangre exponiendo su desnudez delante de los enemigos mientras se burlaban de Él; el que enseñó a amar, perdonar y servir a sus enemigos; el que fue fuerte y duro con los religiosos, pero compasivo y amoroso con los pecadores; el que entregó su vida humildemente, pero ahora es Rey de reyes, nombre sobre todo nombre, Señor de señores, Dios eterno; y el que un día en el futuro vendrá a ponerle punto final a toda injusticia en esta tierra. Ese mismo es el que te está invitando a que le sigas. No para que seas un seguidor pasivo como cuando «seguimos» a otros casualmente en las redes sociales. No, Jesús no vino a acumular seguidores casuales, vino a llamar a aprendices, estudiantes y discípulos.

Cuando Él llama, lo hace para que le conozcas. Lo hace para enseñar, entrenar, formar, instruir, habilitar, educar, dirigir, y acompañarte en el proceso de convertirte en aquella persona que Dios diseñó.

Esta es una invitación preparada desde la eternidad. Es un suceso único. Ya no más compromisos a medias. Estamos tan acostumbrados a pensar que somos nosotros los que casualmente escogemos seguir a Jesús, y en cierto sentido, sí, es nuestra decisión. Jesús no te obligará a seguirle. Eres libre para decirle sí o no. Pero, por otro lado, Jesús nos recuerda: «Ustedes no me escogieron a Mí, sino que Yo los escogí a ustedes» (Juan 15:16).

Acuérdate que es el maestro, no el aprendiz, quien hace la invitación. Jesús, el Maestro de los maestros, te escoge y hoy te dice:

Sígueme.

Y si tu respuesta es sí, resulta imposible que tu vida no cambie. Te espera una vida libre.

CAPÍTULO 3

TEN CUIDADO CON CUALQUIER VERSIÓN BARATA Y FALSA DE JESÚS

«En él, mediante la fe, disfrutamos de *libertad*
y confianza para acercarnos a Dios».

—Efesios 3:12, NVI, énfasis añadido

EN LA ACTUALIDAD, EN ALGUNOS CÍRCULOS HEMOS CREADO A UN JESÚS DIFErente al que la Biblia presenta.

Queremos a un Jesús personalizado cuyo propósito principal es darnos lo que deseamos. Un Jesús que puede hacernos sentir más cómodos. Un Jesús que nunca va a desafiar nuestra actual forma de pensar y que siempre estará de acuerdo con todas nuestras opiniones. Un Jesús que está presente solo para servir mis necesidades y que aparece cuando me es conveniente. Un Jesús que nunca enseña verdades incómodas, difíciles y no populares. Un Jesús que nunca habla sobre la ira de Dios, el infierno, el matrimonio, la sexualidad, el pecado, la religiosidad, la hipocresía y más. Un Jesús que nunca ofende o incomoda a nadie.

Ese no es el Jesús histórico ni el que encontramos en la Biblia. En las Escrituras encontramos a un Jesús sabio, compasivo, amoroso, gentil, humilde y amigable, pero también aparecen sus otras características:

Jesús incomoda a mucha gente.

Jesús hace cosas controversiales.

Jesús dice cosas ofensivas.

Jesús es visto por muchos como peligroso.

Jesús se mete en problemas.

Jesús hace invitaciones radicales.

¿Estás seguro de que estás dispuesto a seguir al verdadero Jesús?

¿QUÉ SIGNIFICA *ESTAR* CON TU MAESTRO?

Dijimos en el capítulo anterior que el objetivo del discípulo, aprendiz o estudiante en el tiempo de Jesús era *estar* con su maestro, llegar a *ser* como él y *hacer* lo que él hacía. ¿Qué significa esto para nosotros en el contexto práctico de seguir a Jesús en estos tiempos?

Todo comienza con estar con Jesús. No comienza necesariamente con cambiar de religión, practicar cuarenta días de ayuno y oración, o estudiar teología. Para ser un aprendiz de Jesús no necesitas primero dejar de mentir, cambiar la música que escuchas o dejar de ver pornografía. Lo único que necesitas es ir a Él tal y como eres, para conocerle y estar con Él: «"Vengan y verán", les dijo Jesús. Entonces fueron y vieron dónde se hospedaba; y se quedaron con Él aquel día, porque eran como las cuatro de la tarde» (Juan 1:39).

Cuando Jesús llamó a los primeros discípulos, ellos se quedaron con Él. Hoy en día, al aceptar la invitación de Jesús a seguirle, Él promete darte de su Espíritu Santo y estar contigo siempre. A la vez, el estar con Jesús requiere de tu intencionalidad.

Estar con Jesús es buscar experimentar y disfrutar la presencia de Dios en tu vida como prioridad más alta.

Por nombrar tan solo algunos ejemplos, es pasar tiempo a solas en oración con Dios. Es pasar tiempo en silencio, meditando en la Palabra de Dios. Es reunirte con amigos y compartir tu vida con ellos animándose entre ustedes a seguir a Jesús.

Si somos sinceros, el estar con Jesús puede que sea uno de los desafíos más grandes para aquellos que lo siguen en nuestra generación, ya que vivimos en lo que el autor Andrew Sullivan llama una «epidemia de distracciones».[1] Aparte de vivir ocupados en los quehaceres de la vida diaria, estudios, trabajo, familia y más, somos adictos a las redes sociales. Siempre hay algo con lo cual distraernos en nuestros teléfonos, escuchar música o pódcasts en cualquier momento, y por las noches hay que ver la serie de televisión o la película que todos están viendo en estos días.

Esas cosas incesantemente claman por nuestra atención y nos distraen de lo que más necesitamos como seguidores de Jesús.

Déjame confrontarte de forma gentil, pero atrevida.

Si la identidad principal en tu vida es la de ser un seguidor de Jesús, y Jesús te llama primeramente a estar con Él, ¿tiene sentido que pasemos horas y horas viendo serie tras serie en Netflix, y que esto se convierta en algo habitual en nuestras vidas, mientras que tan solo pasamos unos pocos minutos en oración con Dios cada día?

¿Será consistente con tu llamado pasar más tiempo durante la semana sumergido en tus plataformas sociales que meditando en la Palabra de Dios?

No sé tú, pero yo necesito reconsiderar mis prioridades.

En la Biblia encontramos el libro de Salmos, que contiene una colección de canciones. Hoy en día, no tenemos las melodías originales, pero sí contamos con las letras de esas canciones. Y una de ellas, la que aparece en Salmos 1:1-3, dice que los que se deleitan en la Palabra de Dios, meditando en ella día y noche, son como árboles plantados a la orilla del río.

En los tiempos de la Biblia, en el antiguo Medio Oriente, los desiertos eran normales, pero la lluvia escaseaba. Así que, si un árbol estaba plantado cerca de un río, no importaba el clima, la temporada o las circunstancias exteriores. Este árbol tendría todo lo que necesitaba, ya que al estar plantado cerca de un río, dispondría de agua que lo nutriera constantemente.

¿Cómo se siente tu alma en estos días?

¿Cansada? ¿Frágil? ¿Posiblemente insegura, ansiosa o deprimida?

Mira la invitación que Jesús hace en Juan 7:37: «Si alguien tiene sed, que venga a Mí y beba».

¿Qué tanto tiempo estás con aquel que ofrece el agua que te trae vida, meditando en las palabras de tu Maestro Jesús, platicando con Él y disfrutando de su presencia?

¿QUÉ SIGNIFICA *SER* COMO TU MAESTRO?

Una de las preguntas más populares que he recibido en redes sociales a lo largo de los años es: ¿cuál es la voluntad de Dios para mi vida? Esta pregunta es clásica. Otra forma de preguntar es: ¿qué es lo que Dios quiere para mi vida? Y usualmente esto se refiere a con quién te vas a casar, a qué universidad deberías ir, qué trabajo deberías tomar, si debieras hacerte un tatuaje con un dragón en tu espalda escupiendo fuego con un versículo bíblico de Apocalipsis incluido, y otras preguntas normales de la vida como esas.

La narrativa bíblica se refiere en muchas ocasiones a cuál es la voluntad o el deseo de Dios para tu vida, y en los siguientes capítulos trataremos sobre algunas de estas preguntas más específicas, pero una carta en la Biblia dice directamente lo siguiente acerca de lo que Dios desea para tu vida: «La voluntad de Dios es que sean santificados» (1 Tesalonicenses 4:3, NVI).

Santificado viene de la palabra «santo». Y aquí hay que aclarar que esta palabra no significa primeramente alguien puro o perfecto, sino alguien *apartado* para Dios. Es decir, además de ser llamado y escogido por Jesús, eres llamado a ser *apartado* para Jesús. Te lo explico de esta forma.

Cuando mi hijo Elías nació, los doctores querían asegurarse de que todo estuviera completamente normal con su salud, de tal manera que justo al nacer, tuvimos un tiempo en el que como padres pudimos sostenerlo y tocarlo por un momento. Después se llevaron a mi bebé recién nacido a otro cuarto para hacerle exámenes, darle cuidados, revisar que todo estuviera bien con su salud y más.

Eso suele suceder con muchos otros bebés en cualquier hospital todo el tiempo. Pero mi pensamiento era: *¿Cómo hacen en los hospitales para que los doctores y enfermeras no se confundan de bebés?* Me imagino que de seguro ha pasado que más de algún bebé ha sido llevado y confundido con otro. ¿Seré tan paranoico? Muchos bebés se parecen al nacer. Todos son como pequeños extraterrestres con ojos enormes, nariz pequeña y redondita, y boquita de botoncito. ¿Se imaginan? Quizás era una fobia irracional, pero eso es lo que tenía en mente.

Recuerdo que me inquietaba al pensar cómo iban a hacer en ese hospital para asegurarse de que me regresaran al bebé correcto. Todos tienen que saber que ese bebé es mío. Ese bebé que engendró mi esposa es un Erazo. Ese bebé tiene mi nombre. Me pertenece a mí y a su mamá. No le pertenece a ninguna otra pareja. Casi tomo la iniciativa de hablar con las doctoras y enfermeras personalmente para que le pusieran doble brazalete con mi nombre, y si era posible que le hicieran un pequeño tatuaje con mis iniciales abajo de sus pies para estar cien por ciento seguros de que este bebé era el mío y no se lo entregaran a nadie más. Yo planeé que este bebé crecerá en mi casa, con mis costumbres, mis tradiciones, mis enseñanzas. Recibirá los besos y el cariño de su mamá y el cuidado y amor de su papá. Y con el tiempo, este pequeño *será como su papá*. No tengo nada en contra de cualquier otro bebé, pero en ese momento no quiero a ningún otro, quiero al mío. Quiero que sea *apartado*.

Eso es santificación.

Si Jesús te llamó a seguirle y aceptas su invitación, Dios dice: «Eres apartado, eres mío». Él no quiere a ningún otro en este momento. Te quiere a ti. Te ha dado su nombre, te ha hecho su hijo. Te ha hecho su hija. Perteneces a su familia. Tu vida no le pertenece al mundo. Tu vida no le pertenece al diablo. Tu vida no le pertenece al pecado. Tú eres un hijo o hija de Dios.

El vivir y practicar la santidad comienza con recordar que has sido apartado por Dios y para Dios. Mi hijo fue santificado desde que nació. Él no tuvo que esperar unos cinco años para primero portarse bien y obedecerme, y después yo decirle: «Bien, ahora sí te declaro mío».

No. Si hoy sigues a Jesús y tu vida le pertenece a él, eres un hijo apartado para Dios. Esa es la voluntad de Dios para tu vida. Por encima de todo, eso es lo que Él quiere para tu vida hoy. Te quiere a ti. Tu corazón. Tu devoción. Tu alegría. Tu amistad. Tu compañía. Y el resultado de que hoy seas apartado o santificado es que, con el tiempo, entras en un proceso de convertirte en una persona más y más como Jesús, tu Maestro.

Ser como tu maestro es hablar como tu maestro, pensar como tu maestro, soñar como tu maestro, trabajar como tu maestro. Me gusta la manera en que lo explica el filósofo Dallas Willard; él dice que es hacer lo que tú haces hoy como si tu maestro fuese la persona que lo está haciendo.[2]

Si eres soltero, tu objetivo es ser como Jesús como si Él fuese soltero. Si eres estudiante, tu objetivo es ser como Jesús como si Él fuese estudiante. Si estás casado o eres creativo o trabajas en negocios, medicina, educación, política o el arte, tu objetivo es ser como Jesús como si Él hiciera todas esas cosas. Con lo que sea que hoy estás lidiando o enfrentando, ya sea un tiempo agradable o una prueba, tu objetivo es enfrentarlo como si Jesús estuviese enfrentando esa misma situación en tu lugar.

Esto requiere de tu parte, pero también es algo que Dios trabaja en ti poco a poco.

Me encanta la respuesta del artista renacentista Miguel Ángel cuando le preguntaron cómo había logrado hacer la célebre escultura y obra de arte de David que hoy se encuentra en Italia y que millones de personas de todo el mundo van a ver y admirar. Al preguntarle cómo logró crear semejante obra de arte de un trozo ordinario de mármol, su respuesta fue que David siempre había estado ahí, escondido en ese trozo de mármol. Miguel Ángel simplemente quitó poco a poco todo lo que no se parecía a David. Literalmente dijo lo siguiente: «Vi a ese ángel en ese mármol y lo esculpí hasta hacerlo libre».[3]

El artista remueve poco a poco todo aquello que no se parece a la obra maestra final y es en este proceso que la hace *libre*.

Libre para parecerse más a quien fue diseñado que fuese. Al ser un seguidor de Jesús, al estar bajo su aprendizaje, Dios irá removiendo poco a poco todo aquello en tu vida y tu interior que no se parece a tu Maestro Jesús. Esto no sucede de la noche a la mañana, sino que es un proceso. Sucede día tras día, con el pasar del tiempo, al escuchar las palabras de Jesús, al caminar con tu Maestro a diario, al experimentar lo que Él experimenta, al aprender a diario de Él y su Palabra, al caminar con otros amigos y familiares que también están siguiendo y aprendiendo de Jesús, al enfrentar los desafíos, circunstancias difíciles y pruebas que vienen con la vida. Todo esto sucede, no por tu propia cuenta, sino siempre al lado de tu amigo, amado y Maestro Jesús.

Dios está trabajando en ti para hacer una obra de arte.

Él es el artista. Tú eres su obra maestra. Tu valor no está en lo que haces, sino en quien te hizo. Tu valor no está en lo que tienes. Tu valor está en quien te tiene a ti en sus manos. Tu valor no está en lo que otros dicen de ti. Tu valor está en lo que Dios dice que eres, un hijo de Dios.

Es posible que según muchos o según tu punto de vista tu vida no valga mucho porque no se ve impresionante, quizás has sido rechazado, te sientes insignificante o inútil o despreciado, quizás tus padres nunca te dijeron lo mucho que vales o lo especial que eres. Pero aun si ese ha sido tu caso, tu vida tiene infinito valor porque te creó el artista más grande de la historia, Dios, el Creador de todo el universo. Él no solo te creó, sino que el precio que pagó por ti fue el más alto de la historia. Ese precio fue la sangre de Jesús en una cruz para reconciliarte con Dios y que hoy tuvieses una relación íntima y personal con Él.

Este artista es quien te enseña a caminar a su lado para que aprendas a ser cada día más como Él. Él mismo es el que envía o permite, siempre bajo su perfecto e infinito control, situaciones en tu vida, aun si estas son desafiantes y dolorosas, y hace que todo trabaje en conjunto para tu bien, para forjarte, para ser más como Él.

Y si no te sientes como una obra de arte debido a la cantidad de errores y faltas que has cometido, o por lo que estás enfrentando, o parece que no entiendes lo que el artista está haciendo en alguna circunstancia de tu vida, o quizás sientes que te falta demasiado para llegar a ser quien sabes que Dios te ha llamado a ser, es por la siguiente razón:

Dios no ha terminado contigo.

¿QUÉ SIGNIFICA *HACER* LO QUE TU MAESTRO HACE?

¿Sabías que Jesús nunca usó la palabra «cristiano»?

Pablo, el autor que más libros escribió en el Nuevo Testamento, no llamó a los seguidores de Jesús «cristianos». Las comunidades de los primeros seguidores de Jesús no solían llamarse a sí mismos «cristianos». Es más, la palabra «cristiano» no aparece en la Biblia... excepto en tres ocasiones (Hechos 11:26, 26:28 y 1 Pedro 4:16).[4] Desde un punto de vista histórico, el término «cristiano» fue originalmente el que usaron los que no seguían a Jesús para referirse a los que seguían a Jesús. Y a pesar de que es el término más popular hasta la fecha para referirse a los que siguen a Jesús, y que no tiene nada de malo usarlo, hoy en día al escuchar esa palabra muchos tienen sus propias suposiciones sobre lo que significa o implica.

Algunos asumen que como creen que Dios existe y la familia asiste regularmente a una iglesia en particular, entonces son cristianos. Otros piensan que porque conocen la Biblia o han pasado por algún ritual religioso en algún momento, entonces son cristianos. Unos pocos hasta creen que por escuchar música cristiana, ver películas cristianas, tener un noviazgo cristiano y usar ropa cristiana (existe, aunque suene raro), entonces esas cosas te hacen cristiano.

Pero Jesús nunca dijo: vayan por todo el mundo y hagan *cristianos*. Él nunca dijo: el que quiera ser *cristiano*, tome su cruz y sígame. Tampoco dijo: si permanecen en mí, verdaderamente serán *cristianos*...

Sin embargo, sí dijo: «Vayan por todo el mundo y hagan *discípulos*». Sí dijo: «El que quiera ser mi *discípulo*, tome su cruz y sígame». Sí dijo: «Si permanecen en mí, verdaderamente serán mis *discípulos*».

La palabra *discípulo* aparece más de 269 veces en la Biblia.[5] Como ya dijimos, un discípulo es un seguidor o aprendiz, alguien que simplemente está aprendiendo de su maestro y poniendo en práctica lo que su maestro le ha enseñado. Creer en quien Jesús dijo que es resulta crucial. Pero creer solamente no te hace un aprendiz. Hasta el diablo y los demonios creen, y ellos no son aprendices de Jesús.

Es más, Jesús en el libro de Juan afirmó: «En esto conocerán todos que son Mis *discípulos*, si se tienen amor los unos a los otros» (Juan 13:35, énfasis añadido).

Si verdaderamente eres un aprendiz de Jesús, Él no dijo que te conocerían primeramente por lo que crees, sino por cómo te comportas, especialmente a la hora de tratar y servir a otros a tu alrededor con compasión, paciencia, misericordia, justicia, verdad y amor radical.

Ser creyente en quien Jesús dijo ser es necesario, pero el punto es ser un practicante de lo que Jesús es y enseña.

Jesús hoy está llamando a cristianos para invitarlos a ser discípulos.

Jesús hoy está llamando a no creyentes, religiosos, agnósticos, jóvenes, adultos, latinos, angloparlantes, asiáticos, gente de cada clase social y con cualquier tipo de creencia personal con respecto a lo que está bien y lo que está mal. La invitación es para ellos también.

Por esa razón, Dios no solo quiere que creas en Jesús, sino que con su aprendizaje puedas comportarte más y más como Él. Para que la gente pueda ver tu vida, y la forma en que tratas a otros, sirves a otros, cuidas de otros y vives por otros. El aprendiz hace lo que su maestro hace.

Si frecuentemente Jesús busca comunión con su Padre celestial en oración, ahora ve y busca comunión con tu Padre celestial en oración. Si tu Maestro sana, ahora ve y trae sanidad adonde hay dolor. Si Él predica con autoridad, convicción y poder, ahora ve y predica con autoridad, convicción y poder. Si Jesús muestra compasión, comparte con aquellos que no le conocen con misericordia, se pone de rodillas y les lava los pies a otros, desafía valientemente lo que no está correcto y entrega su vida por amor a sus enemigos... ahora ve y haz lo que tu Maestro hace. Es así de simple.

Para que cuando otros vean tu vida, comprendan que la única explicación de una vida tan radicalmente diferente a la de la mayoría es porque está marcada por la devoción a Jesús. Una vida marcada por la compasión hacia los otros, el servicio hacia los otros, la práctica constante del perdón, paciencia y gracia combinada con una convicción firme de lo que es verdadero, justo y correcto. Una vida no perfecta, pero en proceso de aprendizaje, practicando el amor hacia aquellos que podrían ser enemigos, la alegría en medio de las pruebas, el enfoque no en las cosas temporales, sino en las cosas eternas. Una vida que no busca usar a la gente para recibir cosas, sino que usa las cosas para bendecir a la gente. Una vida no enfocada en su propia ambición, sino primeramente en el reino de Dios y sus planes, sueños y propósitos. Una vida que tiene presente que el paso por esta tierra es solo un vapor y lo único que vale es lo que tiene valor en la eternidad. Una vida completamente enamorada de Dios y consecuentemente obsesionada por compartirle ese amor a otros.

Para que cuando otros vean ese tipo de vida, no tengan más opción que concluir que debes ser:

No solo un seguidor casual más, sino un verdadero aprendiz de Jesús.

¿AHORA QUÉ HAGO?

Toma unos minutos para meditar sobre cuántas horas en tu semana pasas consumiendo contenido que tiene que ver con tu crecimiento y formación espiritual versus contenido de entretenimiento popular. ¿Cómo crees que esto te esté influenciando? ¿Qué ajustes necesitas hacer para que la influencia de Jesús en tu vida sea más fuerte que la influencia de la cultura popular? ¿Qué necesitas cambiar inmediatamente?

Confiésale a Dios en oración aquellas excusas, dudas, incertidumbres, distracciones u obstáculos que han interferido en tu relación con Él.

Como ya vimos, seguir a Jesús es estar con Jesús, ser como Jesús y hacer lo que Jesús hace. Piensa y escribe tres nuevos hábitos que necesitas adoptar en tu vida y tres que necesitas eliminar para crecer y madurar como su seguidor.

Haz esta oración: *Dios, anhelo la vida que tú tienes para ofrecerme. Quiero experimentar la libertad que tú deseas para mí. Jesús, hoy estoy dispuesto a escucharte, obedecerte y aprender de ti, aunque me cueste. Ven a mi vida y ayúdame a desenredarme*

de aquello que me tiene atrapado. Te entrego cualquier excusa, duda e incertidumbre que pueda tener con respecto a seguirte. Enséñame a quitar la mirada de mí, de mi pasado, de mis errores e inseguridades, y a fijarla en ti. Enséñame a ser un verdadero aprendiz de Jesús y no solo un seguidor casual. Que tu presencia esté siempre conmigo. Donde tú vayas, yo quiero ir. Donde tú estés, yo quiero estar. Lo que tú hagas, yo lo quiero hacer. Amén.

PARTE 2

JESÚS,

SEXUALIDAD, AMOR Y MÁS

CAPÍTULO 4

TUS SENTIMIENTOS SON REALES, PERO ¿SERÁN CONFIABLES?

«Examíname, oh Señor, y pruébame;
escudriña mi mente y mi corazón».
—Salmos 26:2

¿CUÁL ES TU PELÍCULA FAVORITA DE PIXAR?

En su libro *Creativity, Inc.* [*Creatividad, S. A.*], el autor Ed Catmull explica cómo a su equipo en Pixar (uno de los estudios de animación más exitosos de la historia del cine) se les han ocurrido las ideas de todas las películas hechas en los últimos años. Desde un inicio, tenían claro que para ellos lo más importante era contar historias que hicieran sentir algo especial en la gente que viera sus películas.[1] Muchos fanáticos del cine han notado que parece que la mayoría de las películas de Pixar han nacido de la siguiente pregunta:

¿Qué pasaría si _____ tuvieran sentimientos?[2]

Por ejemplo, en 1995, ellos se hicieron la pregunta: ¿qué pasaría si nuestros juguetes tuvieran sentimientos? Ahí nació la película *Toy Story*. En

1998, se preguntaron: ¿qué pasaría si los insectos tuvieran sentimientos? Y nació la película *A Bug's Life*. En el 2001, se preguntaron: ¿qué pasaría si los monstruos tuvieran sentimientos? Entonces nació la película *Monsters Inc*. Después, se preguntaron: ¿qué pasaría si los peces tuvieran sentimientos? Nació la película *Nemo*. Más tarde: ¿qué pasaría si los carros tuvieran sentimientos? Surgió *Cars*. Luego: ¿qué pasaría si las ratas, los robots, los perros y el país de Escocia tuvieran sentimientos? Dejaré que tú adivines qué películas salieron después.

Por último, se cree que el equipo de Pixar decidió llevarlo al siguiente nivel y preguntó: ¿qué pasaría si los sentimientos tuvieran sentimientos? Lo adivinaste. Ahí surgió *Inside Out*.

Hasta la fecha, la compañía Pixar ha logrado hacer más de 14,7 mil millones de dólares con sus películas. Ha ganado 23 premios de la Academia, 10 Golden Globes, 11 Grammys y muchísimos otros premios.[3] Y por sobre todo ha influenciado a millones de millones de niños, jóvenes y adultos hasta la fecha. ¿Moraleja?:

Tus sentimientos son poderosos.

EL «MANDAMIENTO» MÁS IMPORTANTE DE NUESTRA CULTURA POPULAR

En cierta ocasión le hicieron la siguiente pregunta a Jesús: ¿cuál es el más importante de todos los mandamientos de la Biblia? Solamente el Antiguo Testamento (la primera parte de la Biblia) tiene aproximadamente 613 mandamientos. Esto es como decirle a Jesús que resuma toda la Biblia y todo lo que Dios quiere para tu vida en tan solo una frase. Interesante desafío.

Jesús, muy sabiamente, responde así: «"Ama al Señor tu Dios con todo tu *corazón*, con toda tu alma y con toda tu mente" [...] Este es el primero y el más importante de los mandamientos» (Mateo 22:37-39, NVI, énfasis añadido).

Pero Él no se detiene ahí. Después dice esto: «El segundo se parece a este: "Ama a tu prójimo como a ti mismo." De estos dos mandamientos dependen toda la Ley y los Profetas» (Mateo 22:39-40, NVI).

Así como Jesús resumió toda la ley de Dios en dos mandamientos, parece que nuestra cultura ha resumido todas las creencias populares de hoy en día en dos grandes «mandamientos» de nuestro tiempo.

El primer mandamiento o el más importante en nuestra cultura es: sigue tu corazón y deja que tus sentimientos sean la guía más fuerte de tu vida. Y el segundo es similar: sigue tu felicidad y deja que esta sea la meta más importante de tu vida.[4]

¿Te suena familiar?

Todos los demás mandamientos se resumen en estos dos. Algunos se preguntarán cuáles son los otros mandamientos. Los otros incluyen:

Sé fiel a quien tú eres por dentro.

El amor es amor.

Comparte tu verdad.

Atrévete a ser tú mismo.

Algunos de los «profetas» contemporáneos que han compartido su propia versión de estos mandamientos incluyen los siguientes:

Ten la valentía de seguir lo que te dicta tu corazón. —Steve Jobs[5]

El corazón quiere lo que el corazón quiere. —Selena Gómez[6]

No tengo que probarle nada a nadie. Solo sigo mi corazón y me concentro en lo que quiero decirle al mundo. Yo mando en mi mundo. —Beyonce[7]

YHLQMDLG (Yo hago lo que me da la gana). —Bad Bunny[8]

Tu destino vive adentro de ti, solo tienes que ser lo suficientemente valiente para verlo. —Brave / Disney[9]

El amor es ciego. —*Show* popular en Netflix

Es curioso, porque cuando Jesús resumió toda la Biblia en aquella ocasión en que le hicieron esa pregunta, Él no inventó un mandamiento que no estaba en la Escritura, sino que citó unos versículos que ya tenían en la Biblia judía: «Escucha, oh Israel, el Señor es nuestro Dios, el Señor uno es. Amarás al Señor tu Dios con todo tu *corazón*, con toda tu alma y con toda tu fuerza» (Deuteronomio 6:4-5, énfasis añadido).

En este versículo, el autor bíblico nos dice que tu corazón necesita tener una postura de amor hacia Dios por sobre todas las cosas. ¿Qué significa eso? Para los escritores bíblicos, según los estudiosos, el corazón no solo es un órgano muscular con sangre en esta parte del cuerpo dentro del ser humano, sino que simbólicamente es mucho más que eso. Para ellos, de manera simbólica, en tu corazón se encuentran diferentes cosas, entre ellas:

Tus deseos. Tus pensamientos. Tus *sentimientos*.

Por eso, en la actualidad es común usar frases como:

Ella me partió el corazón.

Le entregué todo mi corazón.

Dejaste roto mi corazón.

Salmistas contemporáneos como Shakira, Maluma, Juan Luis Guerra y Alejandro Sanz han hecho mucho dinero por cantar canciones sobre un corazón roto.

¿Qué quiere decir esto? ¿Que alguien realmente le partió el tejido muscular a una persona? No. Lo que estos cantantes están diciendo es que le entregaron lo más íntimo de sí a una persona y por una razón u otra ahora sienten un dolor agudo en lo más profundo de su interior.

Cuando la Biblia usa la palabra «corazón» se refiere a lo más profundo de una persona. Sus pensamientos, sentimientos, pasiones, anhelos, planes, intenciones y deseos más íntimos. Aquello que es difícil de explicar detalladamente con palabras. Cuando nuestra cultura popular dice «sigue tu corazón», o «sé fiel a quien tú eres por dentro», o «escucha tus sentimientos», lo que quiere decir es sigue, obedece, déjate llevar, déjate guiar por:

Tus deseos. Tus sentimientos. Tus pasiones. Tus anhelos. Tus intenciones. Tus impulsos. Tus emociones.

Y como dijimos, este se ha vuelto no solo un dicho popular, sino un mandamiento que ha influido profundamente en nuestra cultura popular.

EL MANDAMIENTO «SIGUE TU CORAZÓN» ESTÁ INFILTRADO EN TODOS LADOS

Últimamente mi esposa y yo hemos estado viendo las películas viejitas en Disney+, y resulta interesante ver películas que forjaron nuestra infancia y adolescencia con nuevos ojos. Algo de lo que muchos no se dan cuenta es de que las películas que más amamos y más nos han influenciado no son solamente cuentos inocentes diseñados para entretenernos o películas para que los niños se distraigan con una historia linda e impresionantes animaciones.

Las películas son hechas por personas con objetivos específicos.

Estas personas tienen formas de pensar, ideologías, creencias sobre la vida, lo bueno y lo malo, lo correcto e incorrecto. Las películas son obras de arte y todo arte comunica un mensaje. Llama la atención, al ver de nuevo algunas películas de Disney, que no es difícil identificar diferentes temáticas consistentes en las mismas. Aquí te presento algunas:

En la película *High School Musical*, Troy quiere mantener su «mente en el juego», pero su corazón lo está llamando a la música y el teatro. Troy decide ir en contra de la norma de su escuela y seguir su corazón.

En *Mulán*, el padre de Mulán es enlistado en el ejército, pero su salud está muy frágil. Ella sabe que la única forma de salvarlo es tomando su lugar, así que se corta el pelo, se viste como hombre y sale a luchar pretendiendo ser el hijo de su padre. Mulán decide desafiar la norma de su sociedad y seguir su corazón.

Por otra parte, en *La Bella y la Bestia*, Bella, que nunca encajó en su sociedad con una forma de pensar anticuada, es capturada por una bestia. Finalmente, ella y la bestia se enamoran. En contra del pensamiento popular de la sociedad anticuada, gracias a que Bella y la Bestia fueron fieles a su corazón, su amor triunfa.

En la película *Lightyear*, Buzz quiere rescatar a su sociedad y sabe en su interior que puede lograrlo. Por esa razón sigue intentando salir en su misión una y otra vez, a pesar de que la ciudad ya se acostumbró a su situación actual en un nuevo planeta. Buzz decide desafiar la norma de su comunidad y seguir su corazón.

El mensaje parece repetirse una y otra vez. Desafía la forma de pensar común de tu entorno, escucha a tu corazón, síguelo adonde te dirija y encontrarás la felicidad que buscas.

Déjame comenzar por afirmar lo bueno y digno, y lo que aprecio de lo que se intenta comunicar por lo general a la hora de dar este consejo. Históricamente, Disney ha sido un líder a la hora de crear arte. Por lo regular lo ha hecho con excelencia; ha contado historias brillantes con animaciones a la vanguardia que han inspirado a millones de personas. Merecen mucho crédito.

Aprecio también esta idea de no conformarse ciegamente con las normas del entorno, en especial aquellas que promueven lo injusto, lo que trae daño, lo abusivo, lo corrupto, lo que simplemente está mal. Estoy de acuerdo en que hay situaciones en las cuales no sería correcto quedarse callado, o no hacer nada, o no querer provocar algún cambio aun si el precio o el riesgo es muy alto. En cierto sentido hasta me recuerda lo que dice Romanos: «Y *no se adapten a este mundo*, sino transfórmense mediante la renovación de su mente» (Romanos 12:2, énfasis añadido).

Hay un tipo de rebeldía santa y justa que es necesaria en muchas ocasiones. Y estos deseos de no conformarse con algo que no está bien, sino de buscar y defender la justicia, lo bueno, lo virtuoso, de restaurar al oprimido, mantenerte firme en tus convicciones y que el bienestar triunfe son literalmente atributos de Dios, y lo que vemos a lo largo de la narrativa bíblica. Pero el mensaje que transmiten muchas de las películas de Disney (y mucho entretenimiento hoy en día) no termina ahí. En numerosas ocasiones, este mismo mensaje puede que haga eco a la primera parte de Romanos 12:2, «no se adapten al mundo actual», pero ignora el versículo justo antes: «Les ruego por las misericordias de Dios que presenten sus cuerpos *como sacrificio vivo y santo*, aceptable a Dios» (Romanos 12:1, énfasis añadido).

La postura de no conformarse con tu alrededor no debería venir de tus propios sentimientos, tus propias opiniones o tus propios deseos. La postura de no conformarse con tu alrededor, si sigues a Jesús, debería venir como resultado de ofrecerte a ti mismo a Dios como un sacrificio vivo, santo y agradable a Él.

Sin embargo, hoy en día el entretenimiento popular en general ha insistido en que la razón por la cual deberías desafiar la norma a tu alrededor para obtener la felicidad que estás buscando, se encuentra en lo que dicen tus sentimientos y deseos individuales más íntimos y personales, independientemente de si estos se alinean con lo que es consistente con el corazón de Dios.

Es curioso que en la Biblia el primer personaje que predicó ese mensaje de «desafía la norma de tu entorno, sigue tu corazón, déjate llevar por tus sentimientos y obtendrás la felicidad que estás buscando» no fue Dios ni ningún otro predicador. Fue la serpiente, en Génesis.

Al incitar a Adán y Eva a desobedecer a Dios, a desconfiar de la autoridad de Dios, la serpiente les dio una promesa que simplemente era mentira: «Y la serpiente dijo a la mujer: "Ciertamente no morirán. Pues Dios sabe que el día que de él coman, se les abrirán los ojos y ustedes serán como Dios, conociendo el bien y el mal"» (Génesis 3:4-5).

En otras palabras: desafía la norma de tu entorno, sigue tu corazón, y encontrarás la felicidad que estás buscando. Obtendrás algo mejor de lo que tienes hoy. La serpiente le mintió a Eva al contradecir la palabra de Dios y al hacerle creer que Dios no era digno de su confianza, y que si le desobedecía obtendría algo mejor: «Cuando la mujer vio que el árbol era bueno para comer, y que era agradable a los ojos, y que el árbol era deseable para alcanzar sabiduría, tomó de su fruto y comió. También dio a su marido que estaba con ella, y él comió» (Génesis 3:6).

En este caso, Eva siguió su corazón porque creyó la mentira de la serpiente cuando le dijo que había algo mejor al desobedecer la palabra de Dios.

EL MANDAMIENTO «SIGUE TU CORAZÓN» NO TE HARÁ FELIZ

Hay algo muy romántico e inspirador en la frase «sigue tu corazón» que hace que suene muy bien en una canción emotiva, venda muy bien en películas de Hollywood, series de televisión, novelas o en discursos populares motivacionales. Pero ¿qué hay de la vida real?

¿Resulta cierto que el mejor consejo es identificar lo que sientes en este momento y, cualquiera que sea ese sentimiento o anhelo, dejar que eso dirija tu vida? ¿Es cierto que lo que determina quién deberías ser, las decisiones que tomarías, los pensamientos que tendrías, el futuro que forjarías para ti mismo deberían ser no solo influenciados, sino determinados por tus sentimientos, tus deseos, tus emociones, tu corazón primeramente?

¿Es incluso posible y realista en verdad dejarse guiar por todos tus sentimientos?

¿Qué pasa cuando tus sentimientos son conflictivos? ¿Cómo sabes a cuáles deberías obedecer y a cuáles reprimir o controlar? ¿Qué sucede cuando sientes que algo simplemente está mal o que te incita a hacer una cosa que es inconsistente con tus convicciones, tu integridad y tus valores personales?

¿Qué pasa si ni siquiera estás seguro de cómo te sientes? ¿Qué pasa si ayer te sentiste de una forma, pero hoy te sientes de una manera completamente diferente? ¿Debías haberte dejado llevar por tus sentimientos en esos dos casos? Si se contradicen, ¿cuál tendría la razón?

El autor Tim Keller nos brinda una ilustración en su libro *Preaching*[10] [*La predicación*] acerca de un guerrero inglés en Gran Bretaña viviendo en los años 800 A. D. Este hombre tiene dos deseos fuertes en su interior. Uno es de agresión. Él observa este sentimiento en su interior de querer ser agresivo y dar rienda suelta a su furia. Incluso está dispuesto a matar a cualquiera que se le enfrente o le falte el respeto. Él dice: «Este sentimiento define quien yo soy». Por otro lado, también encuentra otro sentimiento, y es de atracción hacia su mismo sexo. Debido al tiempo en que vive y la cultura de guerreros en que se encuentra, dirá sobre este sentimiento: «Esto no me define; por lo tanto, voy a controlar y reprimir esos sentimientos».

Ahora, ilustra Keller, imagínate que este mismo joven vive en Nueva York en nuestro tiempo. Tiene estos mismos dos sentimientos. Uno de ira y agresión, y otro de atracción hacia su mismo sexo. Debido al tiempo en que vive y la cultura en que se encuentra, tomará su sentimiento de ira y agresión y dirá: «Esto no me define; por lo tanto, voy a controlar y reprimir esos sentimientos»; luego observará sus sentimientos de atracción hacia el mismo sexo y dirá: «Este sentimiento define quien yo soy». En estos dos casos hipotéticos, los dos tipos de sentimientos son reales. ¿En cuál de ellos se toma la decisión correcta?

Lo que Keller quiere decir es que lo que establece cuáles sentimientos son reprimidos y cuáles son celebrados se determina, no por lo que hay dentro de tu corazón, sino más bien por las influencias externas a tu alrededor, como la opinión popular de tu sociedad u otras ideologías en la cultura popular.

¿Qué sentimientos estás experimentando actualmente que sabes que son parte de quien tú eres? ¿Qué otros sentimientos experimentas con regularidad que sabes que son inconsistentes con quien tú eres y quien Jesús te ha llamado a ser? ¿Quién te está influenciando más para determinar la diferencia entre esos dos sentimientos?

La realidad es que no todos tus sentimientos son iguales.

Algunos merecen tu atención. Otros no tanto. Algunos necesitan ser aceptados, desarrollados, madurados y hasta celebrados. Otros deberían ser examinados con precaución, cuidado, escepticismo y hasta rechazo.

Puede que tus sentimientos sean reales, pero no siempre son confiables.

CAPÍTULO 5

NO SIGAS TU CORAZÓN

«Les daré un corazón nuevo y pondré un
espíritu nuevo dentro de ustedes».

—Ezequiel 36:26

¿ALGUNA VEZ HAS HECHO ALGO CON UNA MUY BUENA INTENCIÓN, PERO CON el tiempo te diste cuenta de que fue en realidad una mala idea? ¿O quizás viste a alguien hacer algo que evidentemente siempre es y será una muy mala idea?

Por ejemplo, si estás en una relación de noviazgo y vas a romper ese compromiso, nunca termines diciendo una de estas tres cosas: «No eres tú; soy yo». «Dios me dijo que esta relación no era su voluntad». «Quiero que sigamos siendo amigos». No lo hagas. Eso no mejorará la situación.

Si eres un hombre casado y estás discutiendo con tu esposa que parece un poquito frustrada, agitada y hasta quizás enojada contigo, y deseas tener una conversación amena y racional, no importa que uses el tono más gentil del mundo, nunca vayas a decirle «mi amor, cálmate». Lo digo por experiencia propia. Eso no ayuda.

Si eres hombre y ves a una amiga que parece que ha incrementado de peso y su estómago se ve más prominente de lo usual, nunca cometas el error de preguntarle: «¿Estás embarazada? ¿Cuándo nace el bebé?». Nunca, jamás te atrevas.

Si sientes un dolor de cabeza o algún dolor de estómago y te preocupa lo que podría ser, nunca vayas a buscar en Google tus síntomas porque el internet te sugerirá que podría ser la peor enfermedad posible del mundo. Todos lo hemos hecho.

Si estás en la iglesia y tu pastor dice algo como: «¡El enemigo quiere destruir tu vida!» o «¡La paga del pecado es muerte!» o «¡Todos somos pecadores!», ese quizás no es el mejor momento para gritar: «¡Amén! ¡Aleluya! ¡Gloria a Dios!».

Si alguna vez recibes un correo de un príncipe de Nigeria que está buscando a alguien para donarle una herencia de cien millones de dólares y te ha escogido a ti personalmente para recibirlo; si te dice que lo único que tienes que hacer es proveerle el número de tu cuenta bancaria y un par de otros datos personales, por favor, no le creas. No le respondas. No le envíes ninguna información personal.

Puede que algunos de nosotros hayamos hecho estas cosas con la mejor intención. Pero todas siguen siendo, en la mayoría de los casos, malas ideas.

Y hablando de malas ideas, los autores Jonathan Haidt y Greg Lukianoff escribieron un libro hace un tiempo titulado *The Coddling of the American Mind* [*La transformación de la mente moderna*], donde sugieren que a veces podemos tener buenas intenciones, pero muy malas ideas. Su libro entero habla sobre tres muy malas ideas. Y se consideran muy malas ideas, dirían ellos, por las siguientes tres razones:

1. Contradicen toda la sabiduría antigua que encontramos en la literatura de diferentes culturas a lo largo de los años.

2. Contradicen todo lo que sabemos sobre la psicología moderna en lo referente al bienestar del ser humano.

3. Dañan a la persona y las sociedades que creen y ponen en práctica esa creencia.

El término que los autores usan para describir estas tres malas ideas es «antiverdades» porque, según ellos, no son verdad y además porque creer o practicar estas creencias resulta en daño, dolor y malestar.[1] Una de esas tres antiverdades, desde el punto de vista psicológico y de la sabiduría antigua, es «siempre confía en tus sentimientos». En otras palabras, sigue tu corazón.

Ellos concluyen que la idea detrás de sigue tu corazón, desde un punto de vista psicológico y sociológico, es una mala idea que, a pesar de que pueda tener buenas intenciones, conlleva daño para el individuo y la sociedad. Este es un pequeño ejemplo sobre cómo la sociología en este caso confirma la teología detrás de la narrativa bíblica.

Resulta curioso que, hace más de dos mil años, un profeta en la Biblia llamado Jeremías se refirió a algo muy similar al escribir: «Más engañoso que todo es el corazón, y sin remedio; ¿quién lo comprenderá?» (Jeremías 17:9).

Este es el problema con la idea popular de nuestro tiempo de seguir tu corazón. Tu corazón es engañoso. Por definición, la palabra «engañoso» caracteriza a algo que te invita a creer como verdadero lo que no lo es. Algo falso. Detrás de sigue tu corazón hay una promesa.

La promesa de la serpiente para Eva al seguir su corazón era: «No morirán [...] se les abrirán los ojos y ustedes serán como Dios, conociendo el bien y el mal» (Génesis 3:4-5).

La promesa de mucho de lo que hoy es entretenimiento popular al decirte que sigas tu corazón es que finalmente encontrarás la felicidad, la plenitud, la satisfacción, la diversión que te falta y tanto estás buscando. Hay que dejar claro que desde el principio, cuando Dios hizo al ser humano, lo hizo a su imagen y dijo que era bueno. Eso significa que tu capacidad de sentir, desear, soñar, querer y pensar fundamentalmente es buena, y su diseño e intención original es que tu corazón sea un reflejo del corazón de Dios (Génesis 1:27).

Pero lo que Génesis 3 nos dice es que toda la creación, incluyendo nuestros sentimientos, han sido afectados por la maldición del pecado. Y esto significa que a pesar de que pueden llegar a ser buenos, también tus sentimientos, emociones, deseos y anhelos a veces te invitan a creer como verdaderas cosas que no siempre lo son. A veces tu corazón te incitará a pensar, desear, sentir, decir o hacer algo que no se corresponde con lo que eres y lo que has sido llamado a ser. A veces tu corazón, si es obedecido, te llevará hacia un lugar de lamento, dolor, daño, error y muerte. A veces tu corazón te dirá algo que simplemente no es verdadero. Es más, Jesús dijo que de tu mismo corazón es de donde sale lo peor de ti. «Porque del corazón provienen malos pensamientos, homicidios, adulterios, fornicaciones, robos, falsos testimonios *y* calumnias» (Mateo 15:19).

Si Jesús tiene razón, entonces deberías tener cuidado con aquello hacia donde tu corazón quiere que le sigas. Déjame explicártelo de otra forma.

Tus sentimientos en tu corazón son reales, pero no siempre son confiables.

Tus sentimientos en tu corazón son reales, pero no deberían ser el guía principal de tu vida.

Tus sentimientos en tu corazón son reales, pero necesitan ser anclados en algo infinitamente más estable, firme y seguro.

NO SIGAS TU CORAZÓN, SINO RÍNDELE TU CORAZÓN A JESÚS

La solución para un corazón engañoso, confuso, cansado, distraído, herido y roto, según Jesús no es dejarse guiar por él. La solución que el Maestro ofrece a sus aprendices es rendirle ese corazón a Jesús.

Cientos de años antes, el profeta Ezequiel escribe la siguiente profecía sobre algo nuevo que Dios haría: «Además, les daré un corazón nuevo y pondré un espíritu nuevo dentro de ustedes; quitaré de su carne el corazón de piedra y les daré un corazón de carne» (Ezequiel 36:26).

Necesitas un corazón nuevo.

Y para recibir un corazón nuevo, debes rendirle tu corazón actual a quien puede darte un corazón nuevo. Jesús usó esta metáfora con un religioso de su tiempo llamado Nicodemo: «Jesús le contestó: "En verdad te digo que el que no nace de nuevo no puede ver el reino de Dios"» (Juan 3:3).

Jesús dice que el cambio que quiere hacer en ti es tan radical que lo que necesitas no es corregir tu corazón, no es limpiar tu corazón, no es escuchar a tu corazón ni mucho menos seguir tu corazón. Necesitas rendir tu corazón porque requieres un corazón completamente nuevo. Y eso, afirma Jesús, es algo así como nacer de nuevo. Piensa por un segundo en la persona a quien le está diciendo esto Jesús.

Nicodemo era un fariseo. Un fariseo en el tiempo de la Biblia era alguien que tenía las siguientes características:

- Creía en Dios.

- Conocía la Biblia muy bien, hasta la memorizaba literalmente.

- Tenía como objetivo más grande cumplir con todo lo que la Biblia enseña.

- Mantenía una disciplina intachable para orar con pasión, a diario y constantemente.

- Daba su ofrenda fielmente a la iglesia.

- Intentaba llevar una vida que agradara a Dios.

¿Te suena conocido? ¿Conoces a alguien que cumpla con estas descripciones?

Algunos de nosotros quizás nos identificamos con Nicodemo y posiblemente cumplimos con cada una de estas características, pero aun así Jesús dice que te falta algo. Necesitas un corazón nuevo y eso es como nacer de nuevo.

Jesús, en vez de modelar el hecho de seguir su corazón, siguió una cruz.

Él se entregó a sí mismo para, en tu lugar, recibir el castigo justo que tú y yo merecíamos; reconciliarte con Dios; adoptarte como su hijo; darte una nueva familia, una nueva identidad, una nueva vida aquí y ahora, y un nuevo destino eterno.

Y también un nuevo corazón.

Cuando eso sucede, recibes su Espíritu Santo que te da su poder sobrenatural para vivir una vida que no es perfecta, sino que ha sido empoderada para rendirle tu corazón a Jesús a diario y seguirle. Es más, cuando le rindes tu corazón a Jesús, es Él quien te da el poder para continuar moldeando tu corazón día a día con el fin de que se parezca más y más a su corazón perfecto. Recuerda que el aprendiz de Jesús está en proceso de estar con su Maestro, ser como su Maestro y hacer lo que su Maestro hace.

Ahora bien, vale la pena aclarar que este nuevo corazón todavía experimenta todos los sentimientos, deseos, emociones y tentaciones de tu corazón viejo, pero los enfrenta de una manera diferente. Este nuevo corazón, frecuentemente, tiene sentimientos conflictivos. Este nuevo corazón también tiene altos y bajos. Este nuevo corazón tiene luchas, pruebas, dudas, confusión, motivaciones contradictorias, de forma similar a lo que ocurre en cualquier corazón que no ha conocido a Jesús. Este nuevo corazón a veces hace lo que no quiere hacer, desea lo que no debería desear, y siente lo que no debería sentir.

Sin embargo, la mayor diferencia se encuentra en que el deseo más profundo de este nuevo corazón que Jesús te da es amar a Dios, conocer a Dios, caminar con Dios, obedecer a Dios, enamorarse más de Dios y disfrutar de tu relación con Dios. Porque como vimos antes en Romanos 12:1, este nuevo corazón es uno que ha sido ofrecido como sacrificio vivo, santo y agradable a Dios.

Este nuevo corazón es uno que contiene al Espíritu de Dios.

Este nuevo corazón es uno que está anclado a la Palabra de Dios.

Este nuevo corazón es uno que vive enamorándose más y más de Jesús.

Y este es el corazón que necesitas para cumplir el mandamiento más importante según Jesús, que es amar a Dios con todo tu corazón.

NO SIGAS TU CORAZÓN; SINO ENSÉÑALE A TU CORAZÓN A SEGUIR A JESÚS

Hay dos tipos de personas. Las que tienen un buen sentido de la orientación y las que no.

Algunos, si su amigo los invita a su casa, no tienen problemas para encontrar el lugar. El amigo les explica: «Para encontrar mi casa, ¿sabes dónde queda el centro comercial de la Galería? Vas a ver un supermercado en la esquina, entras en la colonia de la izquierda, tres calles a la derecha, manejas hasta el fondo y vas a encontrar mi casa». Entonces dicen «listo», se ubican inmediatamente y llegan con facilidad a la casa del amigo.

Si ese eres tú, que Dios te bendiga.

Por otro lado, estamos los que somos muy malos para las direcciones. En mi caso, creo que Dios me ha dado varios dones y talentos, pero el de ubicarme a la hora de manejar o caminar por la calle no es uno de ellos. Mi esposa puede corroborar este dato. Aquellos que somos malos para las direcciones nos perdemos con facilidad al manejar. Requerimos frecuentemente que alguien vaya con nosotros para que nos diga por dónde girar. Este tipo de personas a menudo manejan hacia algún lugar y no tienen ni idea de cómo llegaron allí ni de cómo volver a sus casas.

Menciono esto porque un día salí a correr, y usualmente tengo mi ruta fija alrededor del vecindario. Esta es la ruta por donde corro siempre, pero en el área donde yo vivía para ese entonces hay un parque que tiene un caminito que nunca había explorado. Ese día me sentí sumamente aventurero, entonces decidí desviarme de mi camino usual y ver hacia dónde me llevaba la nueva ruta que nunca había explorado. Después de la primera media hora todo iba bien, estaba disfrutando mi ejercicio, escuchando música. Pero un poco más tarde comencé a darme cuenta de que ya no reconocía el lugar. Al seguir corriendo, me percaté de que ya ni siquiera estaba en un parque, sino que se había terminado el caminito por el que iba y me encontraba en medio de la carretera.

Fue entonces cuando me di cuenta de que estaba totalmente perdido.

No obstante, gracias a Dios vivimos en un tiempo con tecnología, así que lo que hice inmediatamente fue sacar mi teléfono y activar el GPS, puse la dirección a la que necesitaba ir (la dirección de mi casa), y ahí vi una ruta específica que me permitió regresar a mi destino con vida.

Este es mi punto.

Antes de yo seguir la ruta que mi GPS me está sugiriendo, necesito determinar la dirección a la que quiero llegar. En otras palabras, mi GPS no me dice hacia dónde ir si yo previamente no especifico cuál es el destino al que quiero llegar.

Nadie entra en su carro, agarra su GPS a la hora de manejar y le dice: «Tú dime adónde vamos y adonde sea que quieras, ahí yo te seguiré». No funciona así. Lo mismo sucede cuando usas un taxi, un Uber, un Lyft, o le pides a un amigo que te lleve a algún lugar. Nadie se sube a un taxi y le dice al conductor: «Llévame hacia donde tu desees, yo te escucharé, seré fiel a ti y ahí iré». No.

Y si alguien llegase a hacer eso, es posible que termine en algún otro lugar, pero finalmente se va a encontrar perdido. Lo mismo sucede con tu corazón. Una vez que le rindes tu corazón a Jesús, le rindes tus deseos, sueños, pasiones, sentimientos y tu vida entera, Él te da un corazón nuevo.

Ahora eres un aprendiz de Jesús y el aprendiz de Jesús no sigue su corazón, sino que le enseña a su corazón a seguir a Jesús.

¿Cuándo fue la última vez que, en alguna área de tu vida, posiblemente diste un giro equivocado, te desviaste del camino, y en un punto te diste cuenta de que estabas perdido?

Tal vez fue en tu vida espiritual, en tu relación con Dios, con tus amistades, en tu matrimonio, con tus hijos, financieramente, cumpliendo el propósito de tu vida; en cualquiera de esas áreas, en algún punto, diste un giro incorrecto. Te desviaste de tu camino. Sabes que no estabas en el camino en que deberías, posiblemente por seguir tu corazón. Y hoy te sientes perdido.

Algunos de nosotros ya intentamos seguir nuestro corazón y el resultado fue un corazón roto. Seguiste tu corazón, te llevó a dar un giro equivocado y terminaste en una relación tóxica. Obedeciste lo que tu corazón te dijo, y te encuentras sumido en una adicción a la pornografía, a tu teléfono, a las redes sociales. Cediste a los sentimientos en tu corazón, y tu matrimonio fue destruido. Seguiste tu corazón y no logró darte lo que te «prometió». No te hizo feliz.

Otros de nosotros estamos luchando con la ansiedad, depresión, pensamientos de suicidio, enojo, frustración, duda y confusión porque seguimos al guía equivocado. En vez de enseñarle al corazón a seguir a Jesús, hemos permitido que alguien le enseñe a nuestro corazón a seguir otras influencias, otras tendencias, otras ideologías. Pero no es demasiado tarde para darle un nuevo destino al corazón comenzando hoy como aprendices de Jesús.

Si sigues a Jesús, tu corazón no es lo que dirige tu vida. Jesús sí.

Si sigues a Jesús, tus sentimientos y emociones no definen quién eres. Jesús sí.

Si sigues a Jesús, tus anhelos y deseos no saben lo que es mejor para tu vida. Jesús sí.

Además, tus sentimientos, deseos, anhelos y emociones van y vienen. Jesús es el mismo ayer, hoy y siempre, y la Palabra de Dios nunca cambia; es decir, se mantiene firme, estable y segura. Necesitamos recalcular la dirección de hacia dónde queremos que el corazón se dirija.

El destino al cual quieres llegar es Jesús. Díselo a tu corazón. El objetivo de tu vida de ahora en adelante es estar con Jesús. Recuérdaselo a tu corazón. La dirección en la que te quieres mover es hacia ser más como Jesús. Predícaselo a tu corazón. La meta es hacer lo que Jesús hace. Infórmaselo a tu corazón.

Tus sentimientos, sueños, anhelos, talentos, deseos y emociones tienen su lugar, pero Jesús sigue siendo un mejor guía para tu vida que todas esas cosas.

Cuando Jesús es tu guía, eres libre para tener los sueños de Dios. Cuando Jesús es tu guía, eres libre para someter tus deseos a los deseos de Dios para tu vida. Cuando Jesús es tu guía, te conviertes en una persona valiente, dispuesta a arriesgarlo todo por el reino de Dios. Cuando Jesús es tu guía, eres libre para llenar tu mente con los pensamientos de Dios para tu vida.

Cuando Jesús es tu guía, ya no eres esclavo de tus sentimientos, eres libre para amar a Dios con todo tu nuevo corazón.

JESÚS TE HACE LIBRE PARA SEGUIRLO A ÉL, NO PARA SEGUIR TU CORAZÓN

En el capítulo anterior hablamos sobre cómo hoy en nuestra cultura parece que estas dos ideas van de la mano: desafía la creencia popular a tu alrededor y sigue tu corazón.

La narrativa bíblica comienza enseñándonos que Dios creó un hermoso jardín de placer (el jardín en Génesis se llama «Edén», que significa placer), porque la plenitud, la felicidad, la vida abundante, la mejor vida se encuentran en una relación con Dios solamente. La serpiente les mintió a nuestros primeros padres para que desafiaran la norma de su entorno y siguieran su corazón con la promesa de que encontrarían vida, pero encontraron muerte. Esto resultó en una maldición que dañó la creación de Dios y ahora todos tenemos un corazón que naturalmente se opone a Dios.

Sin embargo, Dios no se quedó con los brazos cruzados. Como respuesta, Él entró en la humanidad con una misión de rescate y restauración a través de Jesús diciendo: «Yo soy la verdad y la vida». Y al estar en esta tierra, comenzó un movimiento de rebeldía e inconformidad *santa* invitándonos a seguirle. Al hacerlo, desafió la creencia popular de su época, y de nuestro entorno y nuestro tiempo. Entregó su propia vida en una cruz para darnos un nuevo corazón, y traer sanidad, restauración, reconciliación, bendición y libertad a nuestras vidas y a toda su creación.

Esta es una buena noticia.

Hoy eres libre, no para seguir tu corazón, sino para seguir a Jesús.

CAPÍTULO 6

JESÚS, LAS IGLESIAS Y LA BANDERA DEL ARCOÍRIS

> «Ahora no hay condenación para los que están en Cristo Jesús
> [...] Jesús te ha *libertado* de la ley del pecado y de la muerte».
> —Romanos 8:1-2, énfasis añadido

RECUERDO QUE HACE MUCHOS AÑOS, CUANDO ESTABA PEQUEÑO, ASISTÍ A UN retiro de una iglesia cuyo tema principal, en aquella ocasión, era la sexualidad.

Este retiro ofrecía charlas, juegos, películas, conversaciones en grupos pequeños, consejería, muy buena comida y fogatas en la noche. Había muchas cosas que eran excelentes. Creo que tenía como 12 o 13 años, pero no olvido que muchos de mis amigos apreciaron lo que aprendimos en este retiro sobre lo que nos enseña la Biblia con respecto a la sexualidad.

Luego de decir esto, me gustaría referirme a una presentación en particular que me llamó la atención. Para hacer una ilustración, la predicadora decidió sacar una manzana. Era roja. Estaba limpia. Tenía un brillo impecable. De repente la predicadora preguntó: «¿Quién quiere darle una mordida a esta manzana?».

Un chico levantó la mano y la oradora le lanzó la manzana. El chico le dio una mordida. Después este chico se la lanzó a otro para que la probara. Luego él hizo lo mismo con otra persona, pero la manzana se cayó; de pronto, esta manzana había pasado por varias manos. Se había caído al piso, se había ensuciado. Había sido mordida muchas veces y, por último, la llevaron de regreso a la predicadora. No es lo que llamaríamos una actividad muy higiénica hoy en día.

La predicadora volvió a tomar la manzana y al mirarnos a los ojos dijo: «Miren cómo se ve esta manzana ahora».

Lo que antes era una manzana completa, limpia y atractiva, en ese momento era nada más la parte del centro, sucia y masticada. La predicadora procedió a explicar que lo mismo sucede con tu sexualidad cuando compartes con otros la intimidad que realmente solo le pertenece a tu futuro esposo o esposa. Ese era el punto de esta ilustración. Entonces ella concluyó su presentación mostrándonos lo que quedaba de la fruta y nos hizo esta pregunta:

¿Quién querría esta manzana?

Después de eso, solo hubo silencio.

¿Será ese realmente el mensaje y el sentir del corazón de Jesús con respecto a nuestra sexualidad?

DOS CREENCIAS POPULARES DIFERENTES SOBRE LA SEXUALIDAD

Según el autor Jon Tyson, parece que en los últimos años y a lo largo de la historia ha habido dos creencias populares predominantes con respecto a la sexualidad.[1]

Por un lado, está la perspectiva *religiosa*.

Esta perspectiva, en algunos casos, ha visto el sexo y el deseo de tener intimidad física *predominantemente* como algo malo, sucio, impuro, vulgar, inapropiado y, en general, prohibido. Solo hasta que te casas, de repente y bajo ciertas condiciones, se vuelve algo bueno. Pero, aun así, el sexo casi siempre sigue siendo visto, desde esta perspectiva, como algo a lo que se le debe tener *miedo*.

Debido a eso, hoy en día en algunas iglesias no se habla mucho de sexo, sexualidad, atracción física, género y temas similares. Y si acaso se habla, se suele ver desde un punto de vista negativo, primeramente, con reglas sobre lo que *no* debes hacer y advertencias sobre lo que sucede cuando no las cumples. Mi experiencia personal con la ilustración de la manzana es un perfecto ejemplo. El énfasis principal de esta perspectiva tiende a ser un enfoque en *tu propio esfuerzo* por cumplir con todas las reglas y prohibiciones para mantener un cierto tipo de «santidad sexual» delante de Dios.

¿Cuál tiende a ser el resultado de esta perspectiva que sutilmente se infiltra entre aquellos que siguen a Jesús?

Fracaso. Desilusión. Culpa. Vergüenza.

Un estudio en Estados Unidos encontró que más de la mitad de los que en este tiempo se identifican como cristianos creen que tener sexo casual, es decir fuera de una relación seria de noviazgo o matrimonio, está bien.[2] Otro estudio halló que el 64 % de los hombres y el 15 % de las mujeres que se identifican como cristianos admiten ver pornografía por lo menos una vez al mes.[3] Algunos estudios han encontrado que la tasa de divorcio entre cristianos y no cristianos es muy similar, a pesar de que hay mucho debate sobre qué es lo que califica a alguien como cristiano en estas encuestas.[4] Según un reporte de Lifeway Research, 7 de cada 10 mujeres en Estados Unidos que se han realizado un aborto se identifican como cristianas.[5]

Evidentemente, la influencia popular de nuestra cultura es más fuerte que la influencia de Jesús en esta generación, aun entre aquellos que se identifican como seguidores de Jesús. Y cuando escuchas sobre la ley de Dios sin tomar en cuenta el *corazón* de Dios y fallas en cumplir con estos mandamientos y prohibiciones, te espera inevitablemente fracaso, frustración, culpa y vergüenza.

Por otro lado, está la perspectiva popular *secular*.

La palabra «secular» simplemente significa algo que no tiene fundamento religioso. Esta perspectiva ve el sexo como una actividad recreativa y casual más. No tiene nada de especial. Así como tenemos apetitos por comer ciertos tipos de comida, tenemos un apetito sexual y punto. Según esta perspectiva, no debería haber ningún problema compartiendo o expresándote sexualmente como cada uno lo desee, con quien lo desee y como lo desee con tal de que haya *consentimiento* entre las personas que participan en dicha actividad.

Esta perspectiva secular viene de una ideología que nació en Estados Unidos en los años 60, cuando hubo una «revolución sexual» que logró influir el pensamiento popular para aceptar y normalizar ciertas prácticas y creencias.[6] Algunos ejemplos de estas creencias incluyen tener sexo fuera del matrimonio, la redefinición de un matrimonio para que no solo sea reconocido como una relación entre un hombre y una mujer, y la ideología transgénero que dice que el sexo de tu cuerpo biológico no debería determinar si eres hombre o mujer, u otro género.

Actualmente vemos la influencia de esas ideologías más que nunca en todos lados, en películas, series de televisión, música, entretenimiento, y por supuesto en redes sociales. Esta revolución fue tan exitosa, que mucho de lo que hoy nuestra cultura popular llamaría «normal» es consecuencia de esta serie de creencias populares.

El problema con dicha perspectiva secular popular, según Tyson, es que el resultado quizás no sea *miedo,* como lo fue con la perspectiva predominantemente religiosa, pero sí *desilusión.* Y esta desilusión por lo general también viene acompañada de culpa, vergüenza, dolor y confusión.

¿PUEDE EL SEXO LLEGAR A SER ALGO SOLAMENTE «CASUAL»?

Poco a poco, nuestra generación, que ha aceptado estas ideologías populares, algunos sin darnos cuenta conscientemente, está descubriendo que tener sexo casual y tener verdadera intimidad con tu pareja no es lo mismo.

Puede que nuestra cultura tenga mucha experiencia en tener sexo casual, pero según estudios, hablando como cultura popular, nuestra capacidad para tener y mantener relaciones con verdadera intimidad a largo plazo va empeorando cada vez más. La ciencia hoy ha encontrado que mientras más parejas sexuales tienes, más reduces tu capacidad para tener intimidad a largo plazo.[7]

Hasta la fecha, estudios sociales y científicos muestran que el sexo fuera del matrimonio, especialmente entre adolescentes y adultos que tienen sexo casual, está fuertemente asociado con una falta de satisfacción, depresión, pensamientos suicidas, sentimientos de soledad y dolor emocional, entre otros resultados.[8]

Estadísticamente hablando, después de un encuentro de sexo casual, las mujeres son más propensas a experimentar remordimiento, baja autoestima y aflicción.[9] También es un hecho que aquellas parejas que viven juntos antes de casarse incrementan su probabilidad de divorcio en un futuro.[10]

Si hasta aquí te has identificado con alguna de estas estadísticas, déjame insistir en algo. Esta no tiene que ser tu historia. Este no tiene que ser tu futuro.

Sigue leyendo porque vienen buenas noticias.

LGBTQ+

Con respecto al matrimonio entre personas del mismo sexo, en el 2014 este se legalizó en Inglaterra, Gales y Escocia. Pero un estudio realizado en el 2017 encontró que aún para esa fecha, estadísticamente hablando, aquellos que se identifican como gay, lesbiana y bisexual «experimentan un nivel de calidad de vida más bajo, menos alegría y menos satisfacción con sus vidas».[11] Este grupo también tiene mayores niveles de ansiedad. Otro estudio halló que aquellos que se identifican como gay, lesbiana, bisexual o transexual tienden a ser más propensos a sufrir problemas de salud mental, aun en esos países donde se han legalizado leyes a favor de esta comunidad.[12]

Según los Centros para el Control y la Prevención de Enfermedades (CDC, por sus siglas en inglés), a pesar de que solo el 7,2 % de la población de Estados Unidos se identifica como gay, lesbiana, transgénero o algo que no sea heterosexual,[13] este grupo se reporta con más del 83 % de casos de sífilis. Este mismo grupo es más propenso a tener otras enfermedades de transmisión sexual, incluyendo clamidia y gonorrea. Y son 17 veces más propensos a tener cáncer anal comparados con personas que se identifican como heterosexuales.[14]

En el 2021, uno de cada cinco miembros de la generación Z se identificó como LGBTQ+, y según un artículo de NPR, más del 50 % de ellos han considerado el suicidio en ese año.[15] Un estudio del 2011 encontró que las personas que se catalogan como transgénero, que se han realizado algún tipo de cirugía para conformar su cuerpo a su identidad sexual, tienen un riesgo más alto de mortalidad, mayor probabilidad de terminar en un hospital psiquiátrico, son 5 veces más propensas a intentar suicidarse, y 19 veces más propensas a cometer suicidio que el resto de la población.[16]

Popularmente se asume que la razón principal por la cual aquellos que se identifican como personas LGBTQ+ han sufrido muchos de estos desafíos es por discriminación y casos de trato injusto, desprecio y rechazo. Esta suposición hoy tiende a hacer responsables también a aquellos que simplemente no están de acuerdo con esa ideología o visión de la sexualidad.

Vale la pena aclarar que, si tú sigues a Jesús, todas estas estadísticas y la idea de que este grupo sea tratado con injusticia, opresión o menosprecio como individuos debería romperte el corazón. Jesús nos enseña a mantener nuestras convicciones ancladas en la verdad de la Palabra de Dios, pero a la vez nos enseña a tratar a otros con dignidad, compasión, gracia y amor, no importando su trasfondo, religión o creencia personal.

Los que siguen a Jesús deberían ser conocidos como los primeros en amar, demostrar empatía y servir a aquellos que se identifican como LGBTQ+.

Y si ese eres tú, y alguien que ha dicho seguir a Jesús te ha tratado de forma injusta, con desprecio o indiferencia, necesitas saber que ese no es el sentir del corazón de Jesús.

Por otra parte, algunos no están convencidos de que los desafíos de esta comunidad se deban solamente a la discriminación, el desprecio o desacuerdo con esta ideología y creencia sobre la sexualidad del ser humano. Veamos, por ejemplo, el caso de Holanda, que fue el primero en legalizar el matrimonio del mismo sexo en el 2001, donde actualmente el 91 % de las personas creen que el matrimonio del mismo sexo debería ser legal en toda Europa, y que se considera el país más amigable con las personas que se identifican como homosexuales.[17] Sin embargo, aun con todo eso, se han realizado estudios que demuestran que, hasta la fecha, las tasas de suicidio entre aquellos que están casados con personas del mismo sexo en Holanda son el doble comparadas con las de aquellos casados con personas del sexo opuesto.[18]

LA PERSPECTIVA SECULAR TAMPOCO PARECE ESTAR FUNCIONANDO

Hoy en día, debido a estudios como los mencionados y por experiencias basadas en anécdotas personales, más y más personas que *no* creen en Jesús reconocen que muchas de esas ideologías populares sobre la sexualidad están provocando más daño que bienestar.

Con el tiempo, nuestra generación está descubriendo que lo que sea que estamos haciendo ahora popularmente y la dirección en la que vamos en relación con nuestra sexualidad, simplemente no está funcionando. Además, quienes están pagando el precio más alto son las mujeres y los niños.

Por ejemplo, Christine Emba, escritora de *Washington Post,* dice: «"Con tal que haya consentimiento entre dos adultos" no funciona como ética sexual».[19] La célebre revista secular *The Atlantic* publicó un artículo con una misma temática afirmando: «Una generación en América ha intentado una nueva forma de sexualidad moral y no solo se ha quedado corta, sino que ha resultado ser dañina».[20]

La revista *New York Times* lanzó un artículo de opinión con el título «La forma en que practicamos las relaciones al salir en citas románticas está rota. Si volvemos a lo que hacíamos antes, podría arreglarse».[21] La autora británica y feminista Louise Perry escribió todo un libro titulado *Contra la revolución sexual,* donde plantea que nuestra ideología popular sobre la sexualidad ha resultado en muchísimo más daño que progreso para las mujeres, los niños y nuestra sociedad en general. En su libro, ella profundiza en cómo nuestras ideologías populares actuales han llevado a una cultura adicta a la pornografía, llena de abuso sexual contra la mujer, la degradación del sexo a algo solamente casual, y la sexualización de niños.

Vale la pena enfatizar que estas voces que se están levantando no son de personas conservadoras, necesariamente religiosas, pertenecientes a una iglesia ni incluso seguidoras de Jesús. Son personas con un trasfondo secular que están reconociendo los evidentes resultados devastadores de la influencia de estas ideologías en nuestra sociedad.

El resultado de esta perspectiva secular parece ser similar a la perspectiva religiosa que mencionamos al principio.

Fracaso. Desilusión. Culpa. Vergüenza.

¿Quién querría esa manzana?

¿Quién querría a aquella persona que desde el punto de vista sexual está atravesando por dudas, conflictos internos, heridas emocionales, culpa, vergüenza y confusión? ¿Quién querría a alguien que ha pasado por varios divorcios, ha sido abusado sexualmente, y todavía no tiene todas las respuestas a sus preguntas sobre su sexualidad?

¿Quién querría a alguien que ha cometido muchos errores, lucha con pensamientos de lujuria, ha tenido múltiples parejas, siente atracción hacia diferentes sexos, ha tenido relaciones sexuales fuera de un matrimonio, sigue luchando con la adicción a la pornografía, le ha sido infiel a su pareja muchas veces y está inseguro de sus sentimientos?

¿Quién querría a alguien que aun con un trasfondo de iglesia se ha alejado del llamado que Dios tiene para su vida, ha tomado decisiones equivocadas con consecuencias muy reales, ha herido a otras personas en su vida y hoy se encuentra en un lugar oscuro?

En el siguiente capítulo exploraremos estas preguntas con mayor profundidad, pero antes déjame solo aclararte esto. Tú y yo somos esa manzana.

Y con todo respeto hacia la predicadora de mi historia, la respuesta correcta a la pregunta «¿quién querría esa manzana?» no es «nadie».

Spoiler alert: La respuesta correcta es **Jesús**.

CAPÍTULO 7

LO QUE JESÚS *REALMENTE* ENSEÑA SOBRE TU SEXUALIDAD

«Y conocerán la verdad, y la verdad los hará *libres*».

—Juan 8:32, énfasis añadido

L A BIBLIA ES UN LIBRO CON MUCHO CONTENIDO SEXUAL.

Literalmente inicia con una boda entre un hombre y una mujer, desnudos en un jardín de *placer* (como mencionamos en el capítulo 5, el jardín se llama «Edén», que en hebreo significa placer), rodeados de frutas y en una relación en la cual ellos no «se avergonzaban» (Génesis 2:25).

Quien creó los cuerpos desnudos de este hombre y esta mujer fue Dios. Quien ofició esa boda fue Dios. Quien plantó un jardín de placer para que ellos lo disfrutaran fue Dios. Quien diseñó su biología, su piel, sus rostros, sus labios, sus cuellos, sus espaldas, sus piernas, sus curvas, sus formas, sus texturas, sus sentimientos; y su capacidad de sentir, ver, oler, escuchar, saborear, sonreír, experimentar diferentes sensaciones, reír y explorar fue Dios. Quien les dio su primer mandamiento fue Dios, y ese mandamiento era que tuvieran intimidad física, emocional y espiritualmente, así crecerían como familia (Génesis 1:28). Quien les dio identidad, dignidad, instrucción y propósito fue Dios (Génesis 1:27).

Y Dios dijo que todo esto era muy bueno (Génesis 1:31).

Necesitamos comenzar por ahí. Dios es el autor de tu sexualidad y debido a que ese es el caso, hoy puedes confiar en que Él sabe qué es, para qué fue diseñada, cómo funciona y cuál es el papel que Él desea que juegue en tu vida. Jesús afirmó esto al citar un texto del Antiguo Testamento (la Biblia judía), en el libro de Génesis, que especifica cuál es este diseño intencional de Dios para tu sexualidad: «Pero desde el principio de la creación, *Dios* LOS HIZO VARÓN Y HEMBRA. POR ESTA RAZÓN EL HOMBRE DEJARÁ A SU PADRE Y A SU MADRE, Y LOS DOS SERÁN UNA SOLA CARNE; así que ya no son dos, sino una sola carne» (Marcos 10:6-8).

Alto, espera un segundo.

¿Por qué habla el autor de Génesis sobre dejar a su padre y a su madre para casarse, si Adán no tiene padre ni madre? Recuerda que en esta narrativa, Adán y Eva son los primeros seres humanos creados en la tierra.

La razón es porque el autor de Génesis nos está presentando este matrimonio como prototipo del diseño de Dios para su visión sobre la sexualidad. Jesús, siendo históricamente un Maestro judío, cita este texto de Génesis con la finalidad de definir la visión de Dios para tu sexualidad, tu identidad de género, y cómo un matrimonio consiste en un hombre y una mujer (Marcos 10:1-9).

Esto es algo bueno, hermoso e intencional de parte de Dios para tu vida. Y lo aprendemos en tan solo las primeras páginas de la Biblia, al continuar leyendo el resto de la narrativa bíblica y escuchar las mismas enseñanzas de Jesús.

En la Biblia (en el Antiguo Testamento) encontramos que Dios le revela al pueblo judío una ley muy estricta sobre la visión de Él acerca del matrimonio y sus prohibiciones, las que se encuentran en el libro de Levítico. Pero Jesús hace algo aún más radical a la hora de tocar este tema.

Jesús no solo afirma la ley del Antiguo Testamento, sino que presenta una enseñanza aún más estricta con respecto a la sexualidad cuando dice que incluso si un hombre ve a una mujer con la intención de desearla sexualmente, ya cometió un pecado (Mateo 5:28).

A Jesús no solo le interesan tus acciones; también le interesa tu corazón.

A Jesús no solo le interesa lo que sucede con tu cuerpo; también le interesa lo que sucede con tu alma.

Si no estás seguro de qué significa eso específicamente, ahorita te explico. Recuerda que uno de los objetivos del aprendiz de Jesús es ser como su maestro, y eso no se logra solamente con hacer algunas cosas y dejar de hacer otras, sino convirtiéndose en alguien diferente. Esto requiere un cambio que nace en tu interior.

Un corazón diferente. Un corazón nuevo. Un corazón que busca estar con su Maestro, aprender de Él y obedecerlo.

Por eso la Biblia advierte a los seguidores de Jesús que huyan de la *inmoralidad sexual* (1 Corintios 6:18, NTV). La Biblia usa estas palabras, *inmoralidad sexual*, en diferentes lugares (como en 1 Corintios 7:2, NTV) para referirse a toda aquella actividad sexual que está fuera de este contexto bueno y original que Dios estableció desde el principio.

Y según los autores bíblicos, la inmoralidad sexual siempre resulta en daño a tu cuerpo. Por esa razón, cuando Dios, a través de su Palabra, les dice a los que son aprendices de Jesús que huyan de la inmoralidad sexual, no lo dice para robar tu felicidad, privarte de diversión o hacerte miserable. Al contrario, Él lo dice porque te ama, y su dirección e instrucción te trae bien. Dios anhela simplemente darte lo mejor y te invita a que confíes en Él.

¿Confiar en Él de qué forma? Creyendo que lo que Él enseña es verdadero y que resulta en mayor vida, plenitud, satisfacción, seguridad y alegría.

La Biblia nos enseña que Dios diseñó el sexo, no como algo sucio o casual. Al contrario, es un *regalo* para disfrutar exclusivamente dentro de la seguridad del matrimonio entre un hombre y una mujer por el resto de la vida, *para tu bien*. Según el diseño de Dios, el sexo no es solamente una experiencia que involucra tu cuerpo, sino que también involucra tu ser más profundo, tu corazón, tu alma, tu mente, tus emociones y tu espíritu.

En otras palabras, por más que lo intentes o por más que te digan lo contrario, no puedes tener sexo con tu cuerpo sin a la misma vez tener sexo con tu espíritu, alma, mente y corazón. Tu ser más íntimo.

El escritor y orador Tim Keller, con respecto al sexo fuera del matrimonio, explica que el acto sexual constituye algo tan íntimo que es como decirle a la otra persona que tu cuerpo le pertenece completa, exclusiva y permanentemente. Eso solo puede ser cierto dentro de una relación de matrimonio entre un hombre y una mujer que se han prometido fidelidad por el resto de sus vidas.[1] Fuera de ese contexto, el acto sexual resulta en dolor, confusión y daño.

El autor C. S. Lewis dijo en otra ocasión que el tener sexo fuera del matrimonio es como tener comida en la boca, pero nunca masticarla ni digerirla.[2] No sería una experiencia completa y contradice el propósito para lo cual fue diseñado.

Eso significa que, según la Biblia, el sexo fuera de la protección y seguridad del matrimonio, como lo define Dios, resulta no solo en corazones rotos entre aquellos que lo practican, sino también en el corazón roto de un Dios que quiere lo mejor para sus hijos.

También significa que la visión bíblica para tu sexualidad afirma el hecho de que, desde un punto de vista biológico, fisiológico, anatómico, genético, cromosómico y bioquímico, el cuerpo físico de un hombre y una mujer coinciden el uno con el otro, y esto no es un accidente, sino que tiene una intención precisa y un propósito específico.

Dado el caso de que alguien que sigue a Jesús experimente sentimientos en los que su cuerpo biológico parece no coincidir con sus atracciones sexuales, puedes estar seguro de que tus sentimientos son reales, pero no tienen que definir tu identidad como ser humano. Tampoco deben tener la última palabra sobre qué haces y qué no haces con tu cuerpo. A diferencia de lo que nos dice nuestra cultura popular, tu identidad como ser humano no equivale a tu actividad. Tu identidad tampoco equivale a tu atracción sexual.

Si eres un seguidor de Jesús, tu identidad principal es que eres alguien creado por un Dios que te ama. Hecho a su imagen y semejanza. Y en Jesús, eres un hijo o una hija de Dios en aprendizaje para parecerte más a Él.

Dado el caso de que alguien que sigue a Jesús se sienta «atrapado en el cuerpo equivocado», a diferencia de lo que te dirán las ideologías seculares populares de hoy en día, no necesitas menospreciar, dañar ni rechazar tu cuerpo o ser libre de ese cuerpo para encontrar tu verdadera identidad.

Tu identidad como mujer o como hombre no te la asignó un doctor al nacer. Te la asignó Dios al crearte.

Y tu cuerpo en sí puede que no defina totalmente tu identidad, pero sí es parte de quien eres. Es un regalo de Dios. Hay un propósito para la biología, la fisiología, los cromosomas y la genética de cada célula de tu cuerpo. Hay belleza, valor y dignidad en el cuerpo de un hombre y en el cuerpo de una mujer. Y por esa razón, eres libre, no para menospreciar tu cuerpo, sino para amar y aceptar tu cuerpo tal y como es.

Es posible que para este punto algunos no estén convencidos o no estén de acuerdo con la enseñanza de Jesús con respecto a la visión de Dios para tu sexualidad. Pero si sigues a Jesús como tu Maestro y aceptas su invitación a ser su seguidor y aprendiz, tienes que tomar una de estas decisiones:

- Vas a confiar en tu propia visión u opinión sobre lo que es mejor para tu sexualidad.

- Vas a confiar en lo que la ideología popular del momento nos dice que es lo mejor para tu sexualidad.

- Vas a confiar en la visión que Jesús presenta para tu sexualidad.

El error que muchos cometen al escuchar lo que Jesús y la narrativa bíblica enseñan sobre la sexualidad es asumir que hay algunos que son pecadores sexuales y otros no. Estas personas asumirán que los que hacen cierto tipo de actividades o se identifican con ciertos estilos de vida «están mal», pero los que no hacen esas mismas cosas «están bien».

Vale la pena aclarar que, como ya mencionamos, Jesús afirmó la visión de Dios presentada en la Biblia. También la elevó a tal punto que incluyó lo que se puede ver en el exterior de una persona y también lo que sucede en su interior: sus pensamientos, sentimientos, emociones, intenciones. Es decir, lo que sucede en tu mente y en tu corazón.

Por eso, según el estándar que Jesús estableció para sus seguidores, no hay persona que esté leyendo este libro que delante de un Dios perfectamente santo y justo no sea un pecador sexual.

Todos hemos fallado.

Todos nos quedamos cortos. Todos necesitamos el perdón, la gracia y la restauración de Dios en nuestras vidas a la hora de tratar con nuestra sexualidad. Algunos quizás de formas más fáciles de identificar externamente; otros de formas más íntimas que involucran el deseo de los ojos, la intención del corazón o lo que se hace en privado. Independientemente, sin importar el trasfondo, todos necesitamos de un Salvador y un Maestro que nos enseñe con paciencia a vivir la vida que nos llamó a vivir día a día.

Por lo tanto, si hoy tienes cualquier sentimiento de culpa o vergüenza por algún error, alguna lucha actual, alguna tensión personal o alguna herida en particular con respecto a tu sexualidad, debido a que Dios te ama y su deseo es darte lo mejor, Él desea que corras a su presencia.

Jesús desea abrazarte con su gracia y gentilmente enseñarte, guiarte; quiere darte instrucción, dirección y ánimo a la hora de tomar decisiones sobre tu sexualidad, sobre tus relaciones. Él está disponible para ofrecerte consejo, consuelo y advertencias sobre los peligros de creer ideas falsas. Como tu Maestro, Él quiere enseñarte cómo poner en práctica aquellos mandamientos que protegerán tu salud mental, espiritual, emocional y física. Él quiere darle sanidad a esas heridas que ya has experimentado, y desenredarte o hacerte libre de cualquier cosa que hoy te tenga atado.

Todo comienza al poner tu confianza en Jesús, rendirle tu vida a Él y confiar en lo que tiene para enseñarte.

NO TE ARRODILLES ANTE LA PRESIÓN DE LAS IDEOLOGÍAS POPULARES DE HOY EN DÍA

En el libro de Daniel hay una historia sobre tres amigos que amaban a Dios con todo su corazón. Vivían en medio de una cultura en la que había toda clase de prácticas contrarias a las convicciones que ellos tenían. El dios de estos tres amigos no eran sus sentimientos, ni la opinión popular de la cultura, ni cualquier otra ideología de aquel tiempo.

Su Dios era Jehová, el Dios de Israel.

En cierta ocasión, el rey de ese territorio en el que se encontraban mandó a construir un ídolo para que se le adorase. Esta no era una sugerencia para los habitantes del lugar; era una orden.

El problema es que cuando conoces quién es tu Dios, no hay necesidad de arrodillarse ante ningún otro sustituto barato. No importa qué tan popular fuera este ídolo, los tres amigos no doblarían rodilla ante él. Y debido a que se rehusaron a hacerlo, los amenazaron con echarlos al horno de fuego.

En esa cultura tenían ídolos. Hoy en día nosotros tenemos ideologías.[3] Y si sigues a Jesús, sentirás muchísima presión para doblar rodillas ante las ideologías populares de nuestro tiempo que van en contra de lo que Dios ha dicho en su Palabra.

El problema con cualquier ídolo o ideología es Jesús, que siempre ha sido radical, diferente y controversial. Algunos de nosotros necesitamos recordar esto: si sigues a Jesús, sigues a un hombre que fue juzgado, malinterpretado, atacado, maltratado, rechazado, burlado y crucificado. Que no te sorprenda cuando otros quieran hacer lo mismo contigo al saber que tu lealtad y tu confianza están puestas primeramente en Jesús y no en la opinión popular de nuestro tiempo. Y es que lo que está detrás de cualquier ideología, ya sea que tenga o no que ver con la sexualidad, es una influencia espiritual.

¿Qué hacer cuando se te acuse, se te cancele, se te ofenda o enfrentes oposición por seguir a Jesús en espacios donde posiblemente haya hostilidad hacia lo que Él enseña?

Mira lo que hicieron estos tres amigos cuando les advirtieron que iban a arrojarles al horno de fuego si no se arrodillaban ante el ídolo de su tiempo:

> Sadrac, Mesac y Abed Nego le respondieron al rey Nabucodonosor: «No necesitamos darle una respuesta acerca de este asunto. Ciertamente nuestro Dios a quien servimos puede librarnos del horno de fuego ardiente. Y de su mano, oh rey, nos librará. Pero si no *lo hace*, ha de saber, oh rey, que no serviremos a sus dioses ni adoraremos la estatua de oro que ha levantado» (Daniel 3:16-18).

¿Qué hacen Sadrac, Mesac y Abednego cuando se les pide que se arrodillen ante el ídolo?

Es curioso que no respondieron con indignación o enojo, ni con una actitud defensiva y orgullosa diciendo: «¡Qué injusticia es esta!». Tampoco se creyeron superiores a los que sí estaban doblando rodilla ante esos ídolos.

Simplemente dijeron «no».

Con todo respeto, no participaron. «Nuestra devoción no es para ninguna estatua o ningún ídolo; es para nuestro Dios solamente». Y lo hicieron de forma respetuosa y gentil, pero firmes en sus convicciones.

Si sigues a Jesús, hay cosas a las cuales simplemente tienes que decirles con muchísimo respeto y gentileza, pero con una firme convicción, «no».

¿Será incómodo? Sí.

¿Te mirarán extraño? Es posible.

¿Será fácil? Definitivamente no.

Tal vez hoy, por el simple hecho de ser un aprendiz de Jesús, tengas convicciones diferentes a las de aquellos a tu alrededor. Eso no significa que te vas a esconder en alguna burbuja, o que entre ustedes se tienen que menospreciar. Tampoco significa que tienen que dejar de ser amigos, nunca volver a hablarse, cortar toda interacción, o incluso odiarse mutuamente por pensar o actuar diferente.

Al contrario, Jesús nos llama a ser como nuestro Maestro.

¿CÓMO TRATÓ JESÚS CON AQUELLOS QUE TENÍAN DIFERENTES PERSPECTIVAS CONTROVERSIALES?

Jesús tuvo muchas conversaciones que resultaron muy controversiales.

Si sigues a Jesús, no te sorprenda experimentar controversias similares. Pero al hacerlo, vale la pena notar lo que el autor en Juan 1:14 dice al describir a Jesús como alguien «lleno de gracia y de verdad».

A la hora de tratar temas sobre sexualidad, algunos naturalmente tienden a enfatizar la *verdad* de lo que Jesús enseña sobre la misma. A este tipo de personas les gusta que las cosas se digan tal y como son. Les gusta que se hable sin rodeos y directamente. Su mentalidad es: «Esta es la verdad, le guste a quien le guste». Usualmente no tienen dificultades con una argumentación, discusión y confrontación directa. El problema es que a veces este tipo de personas le dan mucho énfasis a la verdad; sin embargo, lo hacen con muy poca gracia, sin misericordia y sin amor.

Y si no se tiene cuidado, se termina hiriendo sin necesidad a aquellos que Jesús ama profundamente.

De nada sirve tener las convicciones de Jesús si no demuestras tener el corazón de Jesús.

Por otro lado, hay otros que de manera natural tienden a demostrarles *gracia* a aquellos que han luchado con su identidad sexual, han recibido el rechazo de su familia, no se han sentido aceptados por su iglesia y pertenecen a un grupo minoría. Este tipo de personas prefieren mejor no hablar de estos temas para evitar cualquier momento incómodo, cualquier confrontación o la posibilidad de herir los sentimientos de otros. Ellos incorrectamente asumen que tener una visión diferente a alguien es lo mismo que menospreciar a la otra persona. El problema con este tipo de personas es que a veces dan tanto énfasis a la *gracia* que omiten o ignoran la verdad que Jesús y la narrativa bíblica nos enseñan.

Y si no tenemos cuidado, terminamos hiriendo a otros por no dejarles claro la verdad que ellos más necesitan y cómo esta verdad es lo único que puede hacerlos libres.

Los que enfatizan la verdad acusan de cobardes a los que enfatizan la gracia presentando un evangelio *light* o predicando un falso evangelio incompleto. Por su parte, los que enfatizan la gracia acusan a los que enfatizan la verdad de insensibles, duros, desamorados y odiosos.

Jesús nos enseña a practicar las dos posturas. Gracia y verdad.

Él enseñó muchas cosas que desde su propio tiempo fueron controversiales. Dijo: «Yo soy la verdad». No podemos ignorarlas. A la vez enseñó sobre cómo interactuar con aquellos que tienen perspectivas diferentes. La palabra que Jesús usa para describir a este tipo de personas es «prójimo».

Tu «prójimo» por definición es aquel que está próximo a ti.

Tu prójimo puede ser el amigo que sigue a Jesús o el amigo que no conoce a Jesús. Puede ser tu amiga que está casada con otra amiga y están considerando adoptar un hijo. Puede ser la persona que te está faltando el respeto en los comentarios de tus redes sociales. También podría ser un familiar con el que tienes una relación difícil.

Y la enseñanza que Jesús le ofrece a sus aprendices sobre el prójimo no es cancelarlo, burlarte de él, condenarlo ni menospreciarlo. Tampoco es ser indiferente a las penas, luchas, desafíos, dolores y problemas de su vida. Una vez más, Jesús nos enseña lo contrario a lo que nuestra cultura popular nos enseña sobre aquellos que tienen una perspectiva o creencia diferente acerca de algo.

Jesús nos enseña a amar y servir al prójimo.

En la actualidad, muchos hablan sobre lo que Jesús enseña acerca de la sexualidad del ser humano y lo defienden, pero practican poco lo que dice sobre amar y servir al prójimo. Por otro lado, muchos se toman en serio lo que Jesús enseñó sobre amar y servir al prójimo, pero ignoran lo que señaló referente al diseño de Dios para la sexualidad del ser humano. Sin embargo, Jesús llama a sus aprendices a considerar y poner en práctica su verdad y su gracia.

Esto es lo que más necesita un mundo que no conoce a Jesús.

Para aquella persona que desde el punto de vista sexual ha cometido muchos errores, tiene heridas emocionales, lucha con pensamientos de lujuria, está insegura de sus sentimientos y ha experimentado muchas otras cosas que hasta la fecha le traen culpa, vergüenza, dolor, depresión, ansiedad, daño físico y emocional, la respuesta sigue siendo Jesús.

Jesús te amó tanto que lo demostró al entregarse a sí mismo en una cruz para estar contigo así, tal y como eres hoy. Pero te ama tanto, que te invita a seguirle para que hoy puedas ser transformado mientras aprendes a ser como Él y hacer lo que Él hace.

Esto, hasta la fecha, sigue siendo ofensivo y radical para los religiosos, y difícil de creer para los no creyentes.

A diferencia de lo que hoy muchos creen popularmente, la representación más fuerte de lo que en realidad significa el amor radical, inclusivo, transformador y liberador no es una bandera de colores.

Es una cruz cubierta de sangre.

CAPÍTULO 8

¿CÓMO SER LIBRE DE LA PORNOGRAFÍA?

«Porque ustedes, hermanos, a *libertad* fueron llamados».
—Gálatas 5:13, énfasis añadido

CUANDO YO ERA PEQUEÑO, ME GUSTABA COMER.

Mis padres siempre han sido profesores en la escuela, por eso mi papá de vez en cuando recibía invitaciones para ir a Estados Unidos a dar clases de verano. En uno de esos veranos, mi papá nos llevó a mi mamá, a mi hermano y a mí a pasar nuestras vacaciones en la universidad con él. Yo tenía 9 años, y en ese viaje, por primera vez experimenté algo que en mi país, El Salvador, no existía y que yo nunca había visto.

La universidad en la que estábamos tenía una cafetería al estilo ALL YOU CAN EAT. En español eso significa: TODO LO QUE PUEDAS COMER.

En otras palabras, al pagar tu entrada a esta cafetería tenías acceso a absolutamente todo tipo de comidas; todo tipo de postres; todo tipo de desayunos, almuerzos y cenas de todos los países, regiones y estilos, de forma ilimitada.

Era un paraíso aquí en la tierra para un jovencito salvadoreño, humilde y hambriento como yo, cuya pasión siempre ha sido comer. Yo recuerdo solamente sentir la presencia de Dios al nomás poner un pie en esa cafetería. Escuchaba himnos celestiales en cada fila, excepto en las que había ensaladas, vegetales, frutas y nueces. Siendo tan solo un niño pequeño, por supuesto, ni siquiera se me ocurrió considerar ir por esa parte de la cafetería.

Por otro lado, había *pizzas*, hamburguesas, los diferentes tipos de sodas que existen en el mundo, postres como pasteles de manzanas, de queso, de chocolate, donas, *brownies*, galletas de chocolate y más. Creo que ahí Dios había impartido desde el cielo una unción especial, ya que era donde yo sentía su presencia aún más fuerte, justo en esas filas. Y por eso pasaba una y otra vez para recoger plato tras plato.

¿Soy yo o ese es el mundo en el que vivimos actualmente?

En un tiempo en el cual tenemos acceso ilimitado a todo tipo de contenido. Videos. Música. Películas. Series de televisión. Entretenimiento. Videos en YouTube. Videos educativos. Videojuegos. Videos de personas jugando videojuegos. Videos de personas observando a personas jugando videojuegos. Videos de personas reaccionando a videos de personas observando a personas jugando videojuegos...

Yo creo que ya me entendiste.

En todo momento, somos como un niño pequeño y hambriento en una cafetería digital ilimitada. Estamos hambrientos, emocionados, saturados de opciones. Y consumiendo muchísimo tipo de contenido.

Hay contenido que nos hace bien y otro que nos hace mal. Hay contenido que es dulce; otros tipos que son amargos. Hay contenido que está lleno de nutrientes para nuestra mente, corazón y alma. Otros que están llenos de azúcar y nos hacen sentir bien, pero si se abusa podrían dañar nuestra salud. También hay contenido que es completamente destructivo para tu salud mental, espiritual y emocional.

¿Qué tipo de contenido estás consumiendo tú?

¿Estás poniendo atención no solo a la cantidad de contenido digital que estás consumiendo, sino también a la *calidad*?

Pasaron dos meses en los que su servidor de 9 años tuvo la oportunidad de comer regularmente en esa cafetería. Esto es una historia cien por ciento real. Llegué a ese lugar pesando noventa libras y dos meses después regresé pesando ciento veinte libras.

Dos meses. Treinta libras.

Regresé ese verano como una persona completamente diferente. Era más grande. Mis amigos y familiares notaron la diferencia. Mi mamá me dijo que «estaba en crecimiento» (así dicen siempre las mamás), es decir, que no había problema. El cambio en mí fue radical y obvio ante los ojos de los demás, pero si soy honesto, yo ni me di cuenta de que había un cambio. Fui incrementando de peso libra por libra hasta que parecía una persona diferente.

Aprendí que lo que alimentas, crece.

Si yo alimento mi mente con música que expresa devoción a Dios, mi alma se llenará de devoción a Dios. Si yo alimento mi mente con contenido en redes sociales de personas que sigo, que promueven ideologías que deforman mi carácter como seguidor de Jesús, eso con el tiempo se notará. Si yo alimento mi mente con entretenimiento que celebra la degradación de mujeres; una perspectiva tóxica sobre qué significa ser un hombre; la sexualidad como un apetito físico solamente; la búsqueda de popularidad, fama, placeres temporales; y mentiras sobre lo que me hará feliz, entonces esas formas de pensar con el tiempo crecerán en mí.

Por eso te pregunto, ¿con qué estás alimentando tu mente? ¿Con qué estás alimentando tu interior? ¿Tus pensamientos? ¿Tus deseos? ¿Tus ojos? ¿Tu corazón? A la hora de usar tu teléfono, navegar en el internet, estar presente en tus redes sociales, ¿quién te está alimentando? ¿A quién estás siguiendo? ¿A qué estás siendo expuesto día a día?

Tienes que darte cuenta de que ese contenido, esos mensajes, esos estilos de vida, esa música, esas series de televisión, esas películas, ese arte, esas páginas en redes sociales, esos videos, esos libros son tu alimento.

Ese alimento no solo te está influyendo; te está formando.

En otras palabras, está determinando en quién te estás convirtiendo hoy y en la persona que serás el día de mañana. Lastimosamente, en muchísimos casos, no es que este alimento nos esté formando en la persona que Dios nos ha llamado a ser, sino que está deformando al hombre y la mujer que Dios nos ha llamado a ser.

Y hablando de deformación de tu mente y tu corazón...

HOY YA CASI NADIE HABLA DE ESTO...

En 1953 salió la primera revista *Playboy* en la historia.[1]

Más de cincuenta años después, vivimos en una cultura saturada de pornografía, en la que el 91,5 % de los hombres y el 60,2 % de las mujeres la consumen regularmente.[2] Los números descienden un poco entre aquellos que se identifican como seguidores de Jesús. Como mencionamos en el capítulo tres, el 64 % de los hombres y el 15 % de las mujeres que se identifican como cristianos admiten ver pornografía por lo menos una vez al mes.[3]

Se cree que la edad promedio en que un niño es expuesto a contenido pornográfico es alrededor de los 12 años y, hoy en día, el 57 % de los adolescentes en general admiten ver pornografía regularmente. Entre el 90 % y 96 % de los jóvenes o jóvenes adultos están a favor, o lo aceptan, o no tienen una opinión fuerte contraria al consumo de la pornografía. Más jóvenes, entre las edades de trece y veinticuatro , creen que es peor no reciclar que ver pornografía.[4]

Además de que en nuestros días hay pornografía que puedes encontrar de forma gratuita en cualquier parte, esta industria es un negocio que globalmente vale casi cien mil millones de dólares.[5] Esto incluye sitios webs, películas, series de televisión, revistas y más. Y un clic o vista en cada sitio web contribuye a este negocio a través de anuncios en estas páginas que reciben más tráfico que Netflix, Amazon y X (antes conocido como Twitter) combinados.[6]

Sin embargo, como ya dijimos en los capítulos anteriores, la Biblia tiene mucho que decir sobre el sexo, su diseño, su belleza, su dulzura, su diversión, su misterio, y lo poderoso que es.

Eso significa que el hecho de que un hombre anhele ver y desee sexualmente a una mujer es parte del buen diseño de Dios. El detalle crucial es *quién* es esa mujer y el *contexto* en que esta mujer es deseada.

Cuando ese deseo sexual encuentra una expresión fuera de un matrimonio bajo el aprendizaje de Jesús, la Biblia usa la palabra «lujuria». El Diccionario de la Real Academia Española define esta palabra como deseo excesivo del placer sexual,[7] y según la enseñanza bíblica, la lujuria siempre resulta en daño, dolor y abuso. Además, lo que esta ofrece se queda corto de lo que Dios desea para tu vida. Otra forma más directa de decirlo, usando un lenguaje bíblico, es que practicar la lujuria es *pecado*. Y todo pecado, según la Biblia, termina en muerte (Romanos 6:23).

Jesús en cierta ocasión enseñó sobre este tema. Muy probablemente, sus oyentes en aquel tiempo sabían que uno de los Diez Mandamientos de Moisés era «no cometerás adulterio». En otras palabras, si estás casado, no deberías involucrarte sexualmente con alguien que no es tu esposa. Pero en esta ocasión, como ya aludimos en el capítulo 7, Jesús agregó un asterisco radical y muy controversial a este mandamiento.

En el libro de Mateo, Jesús señala: «Ustedes han oído que se dijo: "No COMETERÁS ADULTERIO". Pero Yo les digo que todo el que mire a una mujer para codiciarla ya cometió adulterio con ella en su corazón» (Mateo 5:27-28).

¿Se acuerdan de aquel meme tan popular de un chico volteando a ver a otra chica mientras que su acompañante, que se supone que es su novia, tiene un rostro de indignación? No estoy seguro de que la intención original del meme sea demostrar lo que Jesús está hablando, pero podría servir como una óptima ilustración.

Ahora bien, ¿significa esto que está mal admirar la belleza física de alguien? ¿Significa esto que si eres un hombre que va caminando por la calle, y notas a una mujer físicamente atractiva y la miras, automáticamente es pecado? ¿Lo mismo si eres mujer y miras a un chico? No necesariamente.

Existen diferentes perspectivas teológicas sobre esto, pero muchos estudiosos del pasaje anterior interpretan que lo que Jesús está diciendo es que cuando sientes atracción por alguien y ves a esa persona con la *intención* de desearla sexualmente, entonces es pecado.[8] Recuerda que Jesús no solo ve lo que tus ojos ven, sino que ve y conoce tu corazón. Por tal motivo, Él dijo que hacer eso es equivalente, delante de Dios, a haber tenido intimidad sexual con esa persona «en tu corazón». Y si Jesús tiene razón, esto resulta en daño, dolor y en una *deformación* del diseño de Dios para ti.

Algunos se preguntarán, ¿tendrá razón Jesús? ¿Qué tiene de malo?

Cada vez más, la ciencia, la sociología y otras ramas de estudio secular están empezando a darse cuenta de las implicaciones y consecuencias del consumo de la pornografía.

Estudios muestran que la pornografía deteriora relaciones.[9] Está correlacionada con el divorcio.[10] Resulta en menos satisfacción durante el acto sexual con la pareja.[11] Te hace neurológicamente adicto.[12] Incita a la violencia, especialmente en un contexto de abuso y daño hacia la mujer, ya que el 88 % de las escenas con contenido pornográfico incluyen violencia o agresión.[13] Hay una relación entre su consumo y un deterioro de la salud mental. Y como si todo eso fuera poco, el consumidor de pornografía hoy es estadísticamente más propenso a poner en práctica la violencia a la cual ha sido expuesto, más tendente a violar a alguien, menos inclinado a intervenir en una situación donde alguien está siendo violado, más proclive a forzar el sexo con una persona que no le ha dado su consentimiento y cometer cualquier tipo de actos violentos sexuales.[14]

Estos son solo algunos datos acerca de lo que se está descubriendo.

Una vez más constituye otro ejemplo de que la sociología actual se está poniendo al día con lo que la teología bíblica nos viene enseñando hace más de dos mil años.

DIOS TIENE ALGO INFINITAMENTE MEJOR

La Biblia nos enseña que Dios es un Dios que te ama. Su esencia misma es amor por ti, por otros, y por su creación entera. Y cuando consumes contenido que le trae daño a tu vida, tu mente y tus relaciones, eso le rompe su corazón. Es más, la Biblia dice que todo pecado no es solo una transgresión contra un Dios que es un Juez justo, sino también constituye una ofensa dolorosa contra un eterno enamorado (Génesis 6:6).

¿Alguna vez te han roto el corazón o alguien ha hecho algo que ha herido tus sentimientos profundamente? Génesis 6:6 nos dice que eso mismo sucede con el corazón de Dios cuando hacemos y practicamos aquello que es pecado.

Lo que Dios tiene para tu vida y para tu intimidad sexual con tu esposo o esposa bajo un matrimonio es mucho mejor que lo que podrías recibir en este momento al volver a masturbarte frente a unas imágenes o videos pornográficos.

El consumir pornografía, ya sea a través de un sitio web explícito o a través de otro tipo de contenido en redes sociales o en algún *show* popular, es como tomar agua sucia de un inodoro y no agua limpia y purificada. En teoría se pueden tomar las dos, pero tomar la segunda no tiene comparación con la primera. Y la primera, lo único que hace es enfermarte.

La buena noticia es que Jesús no vino por los sanos, sino por los enfermos.

JESÚS QUIERE Y PUEDE HACERTE LIBRE

Si eres alguien que lucha con el consumo de pornografía, o tienes años consumiéndola regularmente, o en la actualidad estás experimentando muchas de las consecuencias que ha traído esta adicción a tu vida, eso no te descalifica para seguir a Jesús. Al contrario, eres un candidato perfecto.

Tu adicción puede que sea fuerte. Pero Jesús es aún más fuerte.

Tu vergüenza puede que sea grande. Pero Jesús es aún más grande.

Puede que la pornografía hoy te tenga atado. Pero Jesús es lo suficientemente poderoso para hacerte libre de esa atadura.

Hace más de dos mil años, Jesús murió en la cruz y cargó sobre Él todos tus errores, pecados, abusos e injusticias. Todo lo que tus ojos han visto que ha sido prohibido y es destructivo. Cada pensamiento, pasado, presente y futuro, con el que te has entretenido y que ha sido un pensamiento pervertido. Todo lo que tu corazón ha deseado que ofendió a otros y al corazón de Dios. Todo eso, se pagó en aquella cruz.

Por esa razón, al aceptar la invitación de seguir a Jesús y convertirte en su aprendiz, ahora tu vida le pertenece a Él. Y hoy eres libre para luchar por una vida de integridad y santidad sexual.

Déjame advertirte lo siguiente. Esa libertad no se experimenta de forma completa de un día para otro. Como hemos mencionado, todos estamos en un proceso de ser formados de acuerdo al carácter de Jesús. Pero en este caso, quiero compartirte cinco principios, que pueden ser herramientas o recordatorios, los cuales te ayudarán en la lucha para hacerte libre o experimentar la libertad que Dios tiene para tu vida en esta área.

1.   Levántate cuando vuelvas a caerte.

No serás libre por tu propio esfuerzo. Serás libre por el poder sobrenatural de Dios actuando a través de tu vida. Pero si vuelves a fallar, levántate y sigue luchando. ¿Por qué? Porque la vida del seguidor de Jesús no se distingue por nunca fallar, sino por lo que pasa cuando él o ella falla.

Proverbios 24:16 señala: «Porque el justo cae siete veces, y vuelve a levantarse».

Ahí no dice que los que conocen a Jesús nunca se caen, al contrario, dice que los que conocen a Jesús se caen, pero *se levantan* y siguen fijando su mirada en Jesús. Siguen aprendiendo de Jesús. Siguen caminando con Jesús.

Tu recorrido puede que sea una serie de caer y levantarse, pero al seguir caminando vas a continuar siendo moldeado por Dios a la imagen de Jesús. Desenredándote de tus hábitos pasados hacia una vida que se parece más a la de tu Maestro.

¿Te caíste de nuevo? Levántate y continúa siguiendo a Jesús.

2. Invita a otros a luchar a tu lado.

Necesitas ser valiente, vulnerable y honesto al compartir con otras personas a tu alrededor. Estas pueden ser personas que te aman, tus líderes, amigos en los que puedes confiar y que te puedan animar y acompañar mientras sigues a Jesús y continúas aprendiendo de Él. Si eres hombre, háblalo con otros hombres que estén dispuestos a apoyarse mutuamente en esta lucha. Si eres mujer, comparte tu lucha con otras mujeres con las cuales puedas seguir a Jesús juntas.

3. Basta de alimentar tu corazón y mente con contenido de «entretenimiento» que fomenta tu adicción a la pornografía.

En la Biblia encontramos a un personaje llamado Salomón que tuvo momentos en su vida en los que disfrutó de una relación muy cercana con Dios, mientras que luego tuvo otros momentos cuando se alejó completamente de Dios. En varios libros, él nos cuenta sus experiencias y todo lo que aprendió a lo largo de su vida.

En su vejez, este personaje escribe un libro con consejos basados en sus experiencias, el cual conocemos como Proverbios, y donde le escribe una sección a su hijo aconsejándole lo siguiente:

> Hijo mío, presta atención a mis palabras;
> Inclina tu oído a mis razones.
> Que no se aparten de tus ojos;
> Guárdalas en medio de tu corazón.
> Porque son vida para los que las hallan,
> Y salud para todo su cuerpo.
> Con toda diligencia *guarda tu corazón*,
> Porque de él *brotan* los manantiales de la vida (Proverbios 4:20-23, énfasis añadido).

Esta es otra forma de decir: cuida lo que entra por tus ojos y lo que se guarda en tu corazón y en tu mente. ¿Por qué? Porque esto determinará el rumbo de tu vida. La palabra «guardar» implica proteger lo que entra en tu interior, sin importar lo que cueste.

Significa ser astuto, inteligente, cuidadoso y agresivo con lo que permites entrar a tu corazón.

Esto también aplica al entretenimiento que estás consumiendo, ya sea películas, series de televisión o música. Cuando surge un artista popular con letras cuestionables, siempre me preguntan: «¿Está bien o mal escuchar la música de este artista?».

Déjame ser muy sincero contigo. Amo la música. Amo el arte. Amo la destreza, maestría y técnica que se requieren para crear una canción pegajosa, melódica, agradable a los sentidos y que provoque sentimientos. Pero más que un amante de la música y del arte, soy un amante de Jesús.

Y a pesar de que a muchos no les guste que diga esto, desde un punto de vista artístico, hay mucha música allá afuera y canciones que son de las melodías más pegajosas que he escuchado. Hay artistas que hacen música de todo tipo, tienen una personalidad graciosa y buena onda, poseen diversidad de melodía y ritmos, y todo eso lo aprecio muchísimo. Pero en algunos casos, por más que pudiera disfrutar la melodía y el ritmo de un buen reguetón o pop o rap o *rock* o balada de algunos de estos artistas, se me hace demasiado difícil, por no decir imposible, consumir el contenido que es inconsistente con quien yo soy como seguidor de Jesús. Y sinceramente, lucho con una tensión. Aprecio el arte o la melodía de muchos artistas, pero sé que la letra y el contenido le traen daño a mi alma y no me hacen más fuerte espiritualmente. Al contrario, me hacen más vulnerable ante algo que no se corresponde con quien mi Maestro es.

Esta misma rúbrica es la que por lo general aplico con cualquier tipo de música y con cualquier tipo de entretenimiento, independientemente de si el artista se llama cristiano o no. Todo arte, pero en este caso la música, no es algo que solo escuchas, sino algo que te moldea como persona.

La música, las series de televisión, las películas, las fotos, los videos que consumes te forman o te deforman. Moldean tus pensamientos; influyen en tu crecimiento o en tu falta de madurez espiritual; contribuyen a tu identidad, tus sentimientos y más. Por eso es importante poner atención a lo que consumes constantemente. ¿Por qué? Porque lo que escuchas constantemente alimenta tus pensamientos y, como dijo alguien alguna vez, tus pensamientos determinan tus acciones, tus acciones determinan tus hábitos, tus hábitos determinan tu carácter y tu carácter determina tu destino.[15]

4.   Recuerda tu identidad.

El autor de 2 Corintios 5:17 lo puso de esta forma: «De modo que si alguno está en Cristo, nueva criatura es; las cosas viejas pasaron, ahora han sido hechas nuevas», énfasis añadido.

Si estás en Cristo, Dios, a través del Espíritu Santo, te ha hecho alguien nuevo. Es hora de poner en práctica tu verdadera identidad, y esa es la identidad no de un esclavo, sino de un hijo o hija de Dios.

Un esclavo hace lo que tiene que hacer bajo atadura por obligación. Un hijo o hija de Dios hace lo que hace con libertad por devoción.

Y como hijo o hija de Dios, el mismo Espíritu Santo que resucitó a Jesús de entre los muertos habita en ti. Es el Espíritu Santo dentro de ti quien te da la capacidad y el poder para que cada día puedas rendirle tu vida a Él, darle muerte a tu pecado, y por su gracia luchar por integridad y santidad en tu vida.

5.   Enamórate más y más de Jesús.

La solución, sobre todo, como ya mencionamos, no es «inténtalo de nuevo» con tus propias fuerzas. La solución es que tu corazón sea expuesto al incansable, extravagante y radical amor de Jesús para tu vida. Él dijo que el mandamiento más importante no es intentar con todas tus fuerzas no ver pornografía nunca. Él dijo que el mandamiento más importante es: «AMARÁS AL SEÑOR TU DIOS CON TODO TU CORAZÓN, Y CON TODA TU ALMA, Y CON TODA TU MENTE, Y CON TODA TU FUERZA» (Marcos 12:30).

Cuando buscas enamorarte más de Jesús, aprender de Él, meditar en sus palabras, buscar sobre todo su presencia y rodearte de otros que hacen lo mismo, ahí en medio de tu debilidad, el poder sobrenatural de Dios se manifestará en tu vida como nunca.

Así que recuerda: L-I-B-R-E.

Levántate cuando vuelvas a caerte.

Invita a otros a luchar a tu lado.

Basta de alimentar tu mente con contenido de «entretenimiento» que fomenta tu adicción.

Recuerda tu identidad.

Enamórate más y más de Jesús.

En esta lucha no estás solo. Tu Maestro está contigo y a tu favor.

Y con Él a tu lado, ya venciste.

¿AHORA QUÉ HAGO?

TOMA UNOS MINUTOS PARA MEDITAR SOBRE LO QUE SIGNIFICA PARA ti prácticamente amar a Dios con *todo tu corazón*. ¿De qué forma necesitas «recalcular» y darle un nuevo sentido de dirección a tu corazón para enseñarle a someterse, confiar y obedecer a Jesús?

Piensa en el contenido de entretenimiento que consumes regularmente (películas, series de televisión, música, etc.). ¿En qué maneras te está formando para ser más como Jesús? ¿En qué maneras te está deformando y por ende alejando de adoptar el carácter de Jesús? ¿Habrá algún tipo de contenido que necesitas dejar de consumir? ¿Quizás perfiles, páginas o personas en redes sociales que necesitas dejar de seguir? Si es así, decide hacer algo al respecto hoy.

Platica con Dios y cuéntale cualquier sentimiento, herida, duda, culpa o vergüenza que hoy puedas tener. Pídele perdón por cualquier error de tu pasado. Agradécele porque su amor demostrado en esa cruz a través de Jesús es más grande que cualquier error, herida o injusticia. Medita en el hecho de que Él te ofrece una nueva identidad como hijo o hija de Dios.

El seguir a Jesús mientras luchas por integridad y santidad sexual requiere apoyo, ánimo y ayuda de personas a tu alrededor que aman a Jesús, te aman a ti, y en quienes puedes confiar. ¿Tienes a alguien así en tu vida? Si todavía no lo tienes, escríbele hoy a un amigo, familiar o líder de tu iglesia e inicia una conversación al respecto.

Haz esta oración: *Dios, te pido sabiduría para saber distinguir entre aquellos sentimientos en mi interior que son consistentes con quien me has llamado a ser y aquellos que no. Entre tanto ruido a mi alrededor, ayúdame a prestarle mayor atención a la voz de Jesús. Quiero que mi corazón traiga alegría, adoración y gloria a tu corazón. Jesús, gracias por tu sacrificio en la cruz en mi lugar para hacerme perfectamente santo, puro, libre y justo ante tus ojos. Hoy vivo por ti y para ti. Ayúdame a confiar en que lo que tú enseñas sobre mi sexualidad es verdadero, confiable, seguro, y lo mejor que tienes para ofrecerme. Perdóname cuando te he fallado y sana cualquier herida de mi pasado. Ahora recibo tu perdón, tu gracia, tu sanidad, tu poder y tu restauración. Amén.*

PARTE 3

JESÚS,

POPULARIDAD, FAMA Y *LIKES*

CAPÍTULO 9

¿ESTÁ MAL SI QUIERO SER POPULAR Y TENER MÁS SEGUIDORES?

«Y *se oyó* una voz de los cielos que decía: "Este es
Mi Hijo amado en quien me he complacido"».

—Mateo 3:17

TE CONFIESO UN SECRETO. CUANDO ESTABA EN LA ESCUELA, SIEMPRE QUISE ser *popular*.

Y eso que fue antes de que existieran las redes sociales como las conocemos hoy. Había algo atractivo en ser parte del grupo popular. Supongo que es un deseo humano, no tanto ser popular, sino ser aceptado, ser querido, pertenecer a un grupo «especial». Quizás también siempre se trató de un poco de inseguridad. ¿Seré querido? ¿Seré amado? ¿Seré aceptado?

Y hablando de mi tiempo en la escuela, una de mis actividades extracurriculares era ser parte del equipo de básquetbol. Hasta la fecha no sé si soy alto porque siempre he jugado básquetbol o si siempre he jugado básquetbol porque soy alto (mido más de 1,94). Pero recuerdo que en cierta ocasión mientras jugaba un partido, salté para clavar la bola al estilo Michael Jordan en los noventa, y al caer, sentí un dolor inmediato en mi pie izquierdo. Después del juego, mi pie se inflamó, el dolor incrementó y se me hacía imposible caminar por mi propia cuenta. Cuando me llevaron al doctor, me hicieron un examen de rayos X y me dijeron que me había roto uno de los huesos de mi pie izquierdo.

¿Por qué les cuento esto? Porque el examen de rayos X me permitió ver algo que a simple vista es imposible percibir. Por fuera tenía dolor e inflamación, pero el problema no estaba afuera, sino adentro. Y para poder identificarlo requeriría una visión más allá de lo que yo podía ver naturalmente en mi exterior.

Algo similar sucede con el deseo general de nuestra generación de recibir más atención, ser vistos y crecer en popularidad.

A la hora de hablar de este tema, necesitamos pedirle a Dios que le haga un examen de rayos X a nuestro corazón, que como vimos en el capítulo 3, contiene nuestros pensamientos, deseos, anhelos y sentimientos más profundos.

Si alguna vez has tenido un deseo de querer crecer en popularidad, ser más conocido o recibir más atención, mi pregunta sería ¿por qué? ¿Cuál es el motivo detrás de estos deseos?

En la narrativa bíblica encontramos constantemente que Dios, no solo ve tu exterior, sino aún más tu interior.

«Dios no ve como el hombre ve, pues el hombre mira la apariencia exterior, pero el Señor mira el corazón» (1 Samuel 16:7).

«Escudríñame, oh Dios, y conoce mi *corazón*; pruébame y conoce mis inquietudes. Y ve si hay en mí camino malo, y guíame en el camino eterno» (Salmos 139:23-24, énfasis añadido).

En otras palabras, Dios siempre tiene acceso a los rayos X de tu corazón. Él es quien conoce tu motivación, tus deseos más profundos, incluso aquellos que no pueden ser vistos por otros, ni aun por ti mismo.

Eso significa que si tu motivo para querer ser más popular o recibir más atención y aceptación de otros es porque te hace sentir bien, eso en sí no está mal. Pero cuando dependes de esa popularidad o de esos aplausos para darle valor, propósito o identidad a tu vida, entonces estarás dependiendo de algo que te va a fallar.

Más popularidad y aceptación de otros puede que te hagan sentir algo lindo por un determinado tiempo, pero todo lo que sube tiene que bajar. ¿Qué pasa cuando bajan los aplausos? ¿Qué pasa si hoy muchos te estiman, pero mañana se olvidan de ti? Esa búsqueda de popularidad y aceptación no te dará la felicidad *duradera* que estás buscando.

Lo que buscas, solo Jesús lo ofrece. Solo la aceptación de Dios puede satisfacer tu corazón.

¿CÓMO ESTÁ TU CORAZÓN?

Pienso en mis últimos diez años creando contenido en redes sociales y necesito confesarte algunas cosas.

Me gusta subir cosas a mis redes sociales y recibir *likes*, vistas y comentarios. Me gusta cuando tengo la oportunidad de hacer o crear algo, y otros lo aplaudan, lo reconocen y lo disfrutan. Me gusta sentir que le agrado a otros y que tienen una buena impresión de mí.

Como alguien que ha creado contenido digital por muchos años, disfruto cuando preparo algún video, o comparto algún *post*, o subo alguna foto o cualquier otro tipo de contenido y recibe muchísimas interacciones de otros. He tenido varios videos que se han hecho virales, y todavía me parece fascinante el potencial de alcance que hoy en día un buen contenido puede poseer. Ha habido temporadas en las cuales, en segundos, mi contenido ha alcanzado a millones de personas.

Por un lado, todo esto me encanta porque si mi objetivo es hablar de Jesús o desafiar a otros, cuando eso sucede, estamos logrando el objetivo más grande. Lo que no me gusta es cuando ese no es mi único objetivo.

El problema está en que ha habido demasiadas temporadas en mi pasado en las que la motivación ha sido no solo compartir a Jesús, sino compartir a Jesús... y también que la gente me vea a mí. En más de una ocasión, Dios me ha prestado su máquina de rayos X —aun sin habérsela pedido— para que me dé cuenta de que en mi corazón sí está la intención de que otros conozcan a Jesús, pero además de eso, encuentro deseos de que otros también conozcan de mí. Me da vergüenza y siento asco en mi interior cuando pienso que mi corazón insiste en querer desear eso de forma egoísta y que, si no fuera por la gracia y misericordia de Dios, ese fuese el caso siempre. Por supuesto, Dios es fiel para trabajar pacientemente en cada uno de sus hijos de modo que con el tiempo sigamos siendo formados al carácter de Jesús.

El escritor Rich Villodas dijo en cierta ocasión que su mentor le había advertido una vez: «Cuidado cuando quieres usar a Dios o a la gente que te sigue para construir tu propia plataforma de manera egoísta y hacer crecer tu propia popularidad».[1] En mi canción «*Influencer* Cristiano (Rap Freestyle)» comparto cómo muchas veces yo he sido (y somos) igual que el burro que cargó a Jesús cuando la gente lo adoraba y lo recibía con aplausos. Los aplausos, la admiración, el elogio y la gloria siempre fueron para Jesús, pero el burro —en este caso imaginario— se confundió pensando que eran para él.

Te voy a comentar algo que mi mamá me dijo muchas veces cuando era niño:

No seas burro.

Recuerdo también que ella me decía: «Cuidado con los aplausos, zancudito». Esta frase no la inventó ella, pero me hacía recordar una verdad. La gloria le pertenece a Dios siempre, hagas lo que hagas.

Tu vida no se trata de ti. Tus talentos, dones, carisma, personalidad, habilidades y capacidades te fueron dados para algo mucho más grande que tú mismo. Los reformadores ingleses y escoceses del siglo XVII solían hacer la pregunta: ¿cuál es el fin principal de la existencia del hombre? Y su respuesta respectiva era: el fin principal de la existencia del hombre es *glorificar a Dios* y gozar de Él para siempre.[2]

Te lo traduzco. Tu vida fue diseñada para disfrutar a Dios y para darle gloria a Dios.

Desde lo más pequeño hasta lo más grande, para el aprendiz de Jesús, el propósito siempre será darle gloria a Dios. El célebre predicador, *influencer* y escritor de la mayoría de los libros de la Biblia en el Nuevo Testamento lo escribe de esta forma: «Entonces, ya sea que coman, que beban, o que hagan cualquier otra cosa, háganlo todo para la gloria de Dios» (1 Corintios 10:31).

El vivir para la gloria de Dios te hace libre para vivir enfocado en algo infinitamente más grande que tú mismo.

Sin embargo, parece que hoy todos quieren un poquito de gloria para sí mismos. Según la narrativa bíblica, esto ocurre porque nuestro corazón, separado de la gracia de Dios, tiene una tendencia a coquetear y desear recibir la gloria que solo le pertenece a Él. Pero la gloria que hoy puedas recibir, ya sea a través de algún reconocimiento, aplauso o elogio, finalmente pasará y será olvidada. La gloria de Dios es eterna. Eso significa que si todo lo que haces es con el propósito principal de darle gloria, reconocimiento, adoración y devoción a Dios, estás participando en algo que es eterno y duradero.

No desperdicies tu vida invirtiendo en algo que no durará o que al final será olvidado, ya que a la luz de la eternidad no tiene ninguna relevancia. Invierte tu vida en algo digno, glorioso y eterno.

En estos tiempos, muchos piensan que cuando buscan más atención, popularidad y reconocimiento encontrarán la alegría que les hace falta, sanará la inseguridad que experimentan, y llenarán el vacío que sienten por dentro. Lastimosamente, ese no es el caso. El célebre actor Jim Carrey es famoso por decir: «Pienso que todos deberían ser ricos y famosos y lograr todo lo que alguna vez soñaron para que se den cuenta de que esa no es la respuesta».[3]

Por otro lado, el vivir para la gloria de Dios sí te traerá la alegría que buscas, sí te dará la seguridad que necesitas y sí llenará el vacío infinito de tu alma.

El autor C. S. Lewis es reconocido por explicar que cuando Dios ordena que lo adoremos no es porque es inseguro o egoísta y desea toda la gloria solamente para Él mismo. Al contrario, cuando en la narrativa bíblica encontramos invitaciones y mandamientos de adorar a Dios es porque, según Lewis, al adorar a Dios y vivir para su gloria se completa nuestro deleite. De la misma forma que cuando ves algún video o meme en tus redes sociales y lo guardas para compartirlo después con un amigo; cuando lo compartes, lo disfrutas aún más. Tu deleite se incrementa.[4]

Algo similar sucede al vivir tu vida con el propósito principal de darle la gloria a Dios: trabajar para la gloria de Dios; crear arte para la gloria de Dios; escuchar música para la gloria de Dios; disfrutar tu noviazgo, tu matrimonio, tu familia y tus amistades para la gloria de Dios; comerte unos tacos para la gloria de Dios; estar en tus redes sociales para la gloria de Dios. El propósito final de todas estas cosas no eres tú y no son ninguna de estas cosas en sí.

El propósito final de estas cosas es traerle una sonrisa a Dios. Es expresarle tu pasión a Dios, tu agradecimiento a Dios, tu amor y adoración a Dios. Y cuando haces todo esto para la gloria de Dios, tu deleite al hacerlo se incrementa aún más.

¿QUÉ TANTO DESEAS TENER LA APROBACIÓN Y EL RECONOCIMIENTO DE OTROS?

En las biografías de Jesús que encontramos en la Biblia se habla sobre cómo muchos creían en Él, pero no lo admitían por temor a lo que pensaran los religiosos en su tiempo (Juan 12:42). Y después leemos lo que dice el siguiente versículo: «Porque amaban más el reconocimiento de los hombres que el reconocimiento de Dios» (Juan 12:43).

Si tu enfoque es incrementar tu popularidad, te convertirás en esclavo de la aprobación de otros.

Mira cómo lo explica Pablo en Gálatas: «Porque ¿busco ahora el favor de los hombres o el de Dios? ¿O me esfuerzo por agradar a los hombres? Si yo todavía estuviera tratando de agradar a los hombres, no sería siervo de Cristo» (Gálatas 1:10).

Únicamente puedes tener un enfoque, ganarte la aprobación de otros o la de Dios. ¿Cuál de los dos escogerás?

Ahora bien, necesitamos aclarar que eso no significa que no te debería importar en lo absoluto lo que otros piensan de ti.

Proverbios 22:1 dice: «Más vale el buen nombre que las muchas riquezas, y el favor que la plata y el oro».

Pablo también habla sobre las características de un líder en la iglesia y menciona lo siguiente en 1 Timoteo 3:7: «Debe gozar también de una buena reputación entre los de afuera *de la iglesia*, para que no caiga en descrédito y en el lazo del diablo».

Cuidar tu reputación es sabio. Pero vivir buscando popularidad o la aprobación de otros puede ser peligroso.

CUIDADO CON LA TENTACIÓN DE QUERER SER POPULAR POR EL MOTIVO EQUIVOCADO

Cuenta la leyenda que en cierta ocasión tres pastores fueron a pescar juntos y dijeron: «No solemos hacer esto, pero ¿qué les parece si tomamos un tiempo para alejarnos y confesarnos cuál es la tentación con la que más ha luchado cada uno?».

«Está bien», comenzó el primero. «Mi tentación y lucha más grande es jugar a las apuestas. A veces me escapo en la noche para ir a apostar mi dinero».

«De acuerdo», dijo el segundo. «Me da vergüenza admitir esto, pero suelo no pagar impuestos y yo sé que no está bien, pero es una lucha mía...».

Cuando le tocaba compartir su historia al tercer pastor, hubo un silencio. Los otros dos pastores esperaron y esperaron, hasta que uno le dijo: «No nos saldremos de este barco hasta que nos confieses tu mayor tentación y lucha...».

En ese momento, el tercer pastor por fin dijo: «Bueno, está bien. Mi mayor tentación y lucha es el chisme, y no me aguanto por salir de este barco y contarles a otros lo que acabo de escuchar».[5]

Esta historia puede que sea graciosa, pero la verdad es que todos experimentamos diferentes tipos de tentaciones. ¿Alguna vez te has puesto a pensar que el deseo de tener más popularidad podría ser una tentación en tu vida?

Jesús también fue tentado.

Cuando Jesús enfrentó a Satanás en el desierto, este lo tentó con la popularidad:

> Entonces el diablo lo llevó a la ciudad santa, y lo puso sobre el pináculo del templo, y le dijo: «Si eres Hijo de Dios, lánzate abajo, pues escrito está:
> "A Sus Ángeles te encomendará",
> Y:
> "En las manos te llevarán,
> No sea que Tu pie tropiece en piedra"».
>
> Jesús le contestó: «También está escrito: "No tentarás al Señor tu Dios"» (Mateo 4:5-7).

Algunos estudiosos creen que el diablo retó a Jesús para que hiciera eso porque así todos en la ciudad podían ver cómo los ángeles cuidaban a Jesús y entonces creerían que Él es el Hijo de Dios.[6] Pero Jesús se rehusó a hacer eso solo para que lo vieran.

Después, en Mateo 16:1-4, algunos religiosos se le acercaron con el fin de ponerlo a prueba diciéndole que hiciera un milagro o una señal para que otros lo vieran. Él se rehusó a seguir ese juego. En otra ocasión, incluso a la hora de sanar al leproso (Marcos 1:43-45), después de sanarlo le dijo que no lo comentara con nadie. Así pasó con otras personas a las que sanó (Marcos 7:36).

En cierto sentido, Jesús hizo literalmente lo opuesto de lo que cualquier persona haría hoy en día en las redes sociales para llamar la atención. Es más, si Jesús me permitiera, por supuesto en mi imaginación, darle un par de lecciones de mercadeo digital, le aconsejaría que contratáramos a alguien a tiempo completo para que sea su estratega de las redes sociales. Esta persona lo acompañará a todos lados grabándolo en video, tomándole fotos, capturando esos momentos milagrosos y compartiéndolos en las diferentes plataformas sociales de Jesús para crecer en seguidores. También se me ocurre sacar una serie de enseñanzas a través de un *pódcast* para compartir cada semana, y así más personas podrían escuchar sus enseñanzas y lo mucho que Dios los ama. Creo que Jesús posee mucho potencial para tener millones de millones de seguidores, vistas y *likes* con todo lo que sabemos que puede hacer.

Al fin y al cabo, el objetivo es ganar más almas y difundir el evangelio a la mayor cantidad de personas. ¿Por qué no hacerlo?

Esa no fue la estrategia de Jesús.

Jesús se rehusaba a hacer algo cuyo objetivo principal fuera impresionar a otros, o recibir la admiración o el aplauso superficial de otros.[7]

Irónicamente, una de las razones por las que Jesús les pidió a sus discípulos que no fueran como los religiosos de su tiempo no era porque los religiosos conocían la Biblia (eso es bueno). No era porque los religiosos tenían disciplinas espirituales (eso es bueno). No era porque iban frecuentemente a la iglesia (eso es bueno). No era porque daban de su dinero a la iglesia (eso es bueno).

No era por ninguna de esas razones.

Escucha lo que Jesús dice:

Cuando ustedes oren, no sean como los hipócritas; porque a ellos les gusta ponerse en pie y orar en las sinagogas y en las esquinas de las calles, *para ser vistos por los hombres.* En verdad les digo *que ya* han recibido su recompensa. [...] Y cuando ayunen, no pongan cara triste, como los hipócritas; porque ellos desfiguran sus rostros *para mostrar a los hombres que están* ayunando. En verdad les digo *que ya* han recibido su recompensa (Mateo 6:5, 16, énfasis añadido).

¿Te diste cuenta de cuál es el factor común? Jesús está hablando de la razón por la cual los fariseos —los religiosos en ese tiempo— hacían lo que hacían. Estaba desenmascarando el motivo de ellos. Estaba aplicando su visión divina de rayos X sobre lo que estos religiosos hacían. Ninguna de esas cosas en sí era mala, pero la razón detrás de lo que hacían era primeramente que otros los vieran.

Parece que esto no ha cambiado en los últimos dos mil años.

¿Por qué Jesús no aprovechó esos momentos para incrementar su popularidad? Porque el aplauso de la gente no era su objetivo. Su objetivo era la obediencia.

Para Jesús, ser famoso no era su ambición. Su ambición era ser efectivo. Para Jesús, la aprobación de otros no era su anhelo. Su anhelo era darle gloria a Dios. Para Jesús, su propia popularidad no era la meta. Su meta era servir y entregarse en amor por el bien de los que amó.

Jesús tenía muchísimo potencial para crecer en popularidad, pero su llamado era la cruz, la salvación, la transformación y restauración de toda su creación.

¿Eso significa que está mal entonces tener seguidores, o tener influencia, o tener cierto nivel de popularidad?

No necesariamente.

LA SOLUCIÓN A UNA MOTIVACIÓN EQUIVOCADA DE QUERER SER POPULAR

Jesús pasó treinta años en el anonimato con un trabajo normal antes de comenzar su ministerio público.

En Mateo 3:17 encontramos la historia de Jesús y la impactante experiencia que tuvo antes de comenzar su ministerio. Él se dirige hacia su primo llamado Juan, quien era un tanto conocido por predicar sobre el arrepentimiento de los pecados y sumergir a las personas en el agua como un símbolo de ese arrepentimiento. A eso se le llama «bautismo». Jesús se acerca a Juan y este lo bautiza. En ese momento, Dios habla de manera audible desde el cielo y dice: «Este es Mi hijo amado en quien me he complacido» (Mateo 3:17).

Jesús, para este punto, no tiene un ministerio exitoso. No ha hecho milagros todavía. No ha predicado a multitudes todavía. No ha conseguido seguidores, solo en su casa lo conocen. No es una celebridad. No ha entrenado a otros líderes para continuar con su ministerio cuando ya no esté. No ha entregado su vida en una cruz en sacrificio para perdonar los pecados de la humanidad y resucitado triunfantemente. Y aun así su Padre le dice:

«Eres mío».

«Eres amado».

«Me traes alegría».

Detente un segundo y escucha esas tres cosas que tu Padre, el Creador de los cielos, la tierra y todo el universo, te dice al estar en Cristo:

«Eres mío».

«Eres amado».

«Me traes alegría».

Al leer esta historia, cualquiera pensaría que Jesús se vuelve popular inmediatamente, o que su ministerio inicia con una gira por todo el Medio Oriente. Ahora tiene un mánager, un *pódcast* y un equipo de mercadeo. Ya me lo imagino: «Tour Reino de Dios con Jesús de Nazaret. Cruzada Evangelística de Señales y Milagros. ¡Adquiere ya tus entradas!».

No. Después de haber escuchado esto de parte de Dios, Jesús termina en un desierto.

En el desierto, Él es tentado. «Ordena que estas piedras se conviertan en pan» (Mateo 4:3). Algunos interpretan esa tentación diciendo que es como si Satanás le estuviera insinuando a Jesús: «Eres lo que haces». ¿Soy el único que ha pasado mucho tiempo pensando qué poner en «el bio» o en el perfil en las redes sociales? ¿Se supone que ponga lo que soy? ¿Lo que hago? ¿Lo que me define?

Jesús tenía la aprobación de su Padre. No tenía popularidad.

Esa aprobación le dio a Jesús su identidad, su poder y la capacidad para hacer lo que había sido llamado a hacer.

Es más, Jesús con el tiempo sí recibió poder, autoridad e influencia.

Vivimos en una época en la que hay mucho escepticismo alrededor de esas cosas.

Ya sea en política, en redes sociales, en la iglesia o donde sea, parece que todos están buscando esa influencia, esa popularidad, ese poder, y su propio protagonismo. La solución no es necesariamente menos influencia, menos popularidad, menos poder. La solución es administrar esas cosas de la forma correcta.

Mira cómo lo hace Jesús: «Jesús, sabiendo que el Padre había puesto todas las cosas en Sus manos, y que de Dios había salido y a Dios volvía, se levantó de la cena y se quitó el manto, y tomando una toalla, se la ciñó. Luego echó agua en una vasija, y comenzó a lavar los pies de los discípulos y a secárselos con la toalla que tenía ceñida» (Juan 13:3-5).

Si Dios te ha dado influencia, sirve y lava pies.

Si Dios te ha dado popularidad, sirve y lava pies.

Si Dios te ha dado seguidores, sirve y lava pies.

Si Dios te ha dado talentos, habilidades, amistades y más, sirve y lava pies.

Jesús no es antipopularidad. Jesús nos enseña cómo administrarla.

Jesús sabe que cuando buscamos nuestra propia popularidad, nos convertimos en esclavos del aplauso de otros. Pero cuando radicalmente hacemos lo que la mayoría de las personas en nuestra cultura no hace al rehusarnos a buscar nuestra propia popularidad, y somos fieles y obedientes para hacer lo que Dios nos ha llamado a hacer, entonces encontramos libertad.

Cuando recordamos que ya tenemos la aprobación de Dios en nuestras vidas, somos libres para hacer lo que Él nos ha llamado a hacer. Ya no tenemos que seguir trabajando y luchando por más *likes*, más seguidores, más atención y más influencia. Ya que por más que alcancemos estas cosas, ningún número será suficiente. Pero lo que sí es suficiente para tu alma son las palabras de tu Padre celestial: eres mi hijo o mi hija amada, y en ti ya me complazco.

Hoy puedes quedar bien con Dios, aun si eso significa quedar mal con otros a tu alrededor.

Algún día, el objetivo no es escuchar «bien hecho buen siervo fiel» de parte de la gente.

El objetivo es escuchar esas palabras de parte de Dios.

CAPÍTULO 10

SIGUE A JESÚS; PUEDE QUE TE VAYA PEOR

«Si el mundo los odia, sepan que me ha
odiado a Mí antes que a ustedes».

—Juan 15:18

MI ESPOSA Y YO HEMOS ESTADO VIENDO LA SERIE DE TELEVISIÓN *THE Chosen* (Los elegidos), que trata sobre la vida de Jesús aquí en la tierra. Y es interesante notar que el deseo de crecer en popularidad, prestigio, fama, influencia y buena reputación siempre ha sido una realidad en toda cultura. También en los tiempos de Jesús.

Y mientras mirábamos esta serie, notamos cómo Jesús llamaba a sus seguidores uno por uno, y cómo cada uno de ellos dejó oportunidades de influencia, trabajos, familias y otras cosas atrás por seguirlo. Yo pensaba: *No saben que seguir a Jesús les costará la vida. No saben que lo que les espera no es más comodidad, más glamur, más aplausos ni más reconocimientos.* Y si lo supieran, me preguntaba: *¿Aun estarían dispuestos a seguirle?*

Hay un momento en esta serie cuando los seguidores de Jesús empiezan a discutir sobre cómo la popularidad de Él iba creciendo, y Pedro en particular parecía estar emocionado con eso. Él pensaba que finalmente su Maestro estaba recibiendo la atención que se merecía. Pero otro de los discípulos parece estar más consciente de la situación y reconoce que con la popularidad vienen aquellos que te aman, y también aquellos que te odian.

Sin embargo, los discípulos no sabían que mientras Jesús más creciera en popularidad, más iban a sufrir.

Si hoy sigues a Jesús porque piensas que te hará más popular, más aplaudido, más amado y aceptado por otros, te espera una gran decepción. La influencia que Jesús acumuló no lo llevó a más dinero, fama, comodidad, contratos de negocios, una casa más grande ni a una vida de lujos.

La influencia que Jesús acumuló lo llevó a una cruz.

Después de que Jesús muriera y resucitara, los discípulos compartirían su mensaje, plantarían iglesias, arriesgarían sus vidas valientemente siendo la extensión del ministerio de Jesús. Y mientras hicieran esto, su popularidad se incrementaría. Pero junto a esa popularidad vendría sufrimiento, oposición, desafíos, dificultades, inconveniencias y dolor.

Es muy extraño ver cómo vivimos en un tiempo peculiar en el que hablar de Jesús, algunas veces, te puede traer aplauso, popularidad, admiración y beneficios. Incluso, este es el caso de algunos en las redes sociales. Esas cosas en sí no son malas necesariamente, y cuando Dios provee recursos, beneficios, bendiciones y oportunidades de influir en otros, deberían ser administrados para hablar de Jesús y para la gloria de Dios. Pero cuando el *motivo principal* que impulsa a compartir de Jesús se convierte en recibir esos beneficios, se está contradiciendo el mismo mensaje que se transmite.

Para el seguidor de Jesús, el objetivo principal nunca es ser famoso; es ser fiel a su llamado.

Para el seguidor de Jesús, la motivación principal nunca es la popularidad; es la obediencia a quien lo llamó.

Para el seguidor de Jesús, la dirección principal no es hacia una plataforma más grande, es hacia una cruz.

No sigues a Jesús por lo que Él puede ofrecerte; sigues a Jesús primeramente por lo que Él ya te ofreció en la cruz. Y eso lo vale todo.

Vemos lo que sucedió con la madre de Santiago y Juan cuando se le acercó a Jesús y le pidió que permitiera que sus hijos se sentaran a su izquierda y derecha cuando estuviera en su trono como Rey (Mateo 20:20-28). En ese momento, Jesús le explica que el que quiera tener influencia en el reino de Dios necesita saber que va a experimentar sufrimiento.

Lo mismo volvió a suceder cuando Jesús les planteó a sus discípulos que Él iría a una cruz para ser crucificado y Pedro, uno de sus discípulos más cercanos, le dijo que eso nunca ocurriría. Jesús le contestó: «¡Aléjate de mí Satanás!».

No es un buen día para ti cuando Jesús, en vez de llamarte por tu propio nombre, te llama Satanás.

Después Jesús les explica a sus discípulos que seguirlo a Él es negarse a uno mismo, tomar nuestra cruz y seguir su camino; es seguir sus pasos. El seguir a Jesús y tener influencia para dirigir a otros hacia tu Maestro viene con un costo alto. En este caso, Pedro quiere a Jesús, pero no quiere su cruz. Santiago y Juan quieren grandeza, pero no quieren sufrimiento.

Y es que hoy muchos quieren tener reconocimiento; nadie quiere pasar por el sufrimiento. Hoy muchos quieren ser líderes, oradores, personas de influencia; pocos quieren ser servidores. Hoy muchos quieren a Jesús y la vida abundante que Él ofrece; pocos quieren su cruz.

Pero si en verdad sigues a Jesús, vas constante e inevitablemente en dirección a la cruz.

SIGUE A JESÚS; PUEDE QUE TE VAYA PEOR

Cuando sigues a Jesús aprendes a ser libre de la aprobación de otros porque descubres que ya tienes la aprobación de Dios.

Déjame aclararte esto: seguir a Jesús no significa agradar a todos, cumplir con todas las expectativas de los demás y nunca ofender a nadie. Al contrario, tarde o temprano, seguir a Jesús te va a costar popularidad, aplausos y aceptación de otros. Incluso puede que te cueste amistades u otras relaciones, y más.

Jesús lo dijo de esta forma en Juan 15:18: «Si el mundo los odia, sepan que me ha odiado a Mí antes que a ustedes».

Algunos quizás entenderán que cuando Jesús caminó en esta tierra hubiera personas que lo odiaron. Por algo lo habrán crucificado. Pero hoy en día, ¿cómo es posible que alguien realmente lo odie?

Jesús hizo numerosas cosas que en nuestra cultura popular muchos aplauden, aun si no son sus seguidores. Por ejemplo, alimentó a los pobres, desafió directamente a los sistemas corruptos de su tiempo, criticó con fuerza la hipocresía de los religiosos, habló sobre dejar a un lado los prejuicios y practicar la tolerancia y la aceptación hacia otros. A muchos les gusta ese Jesús, y si sus aprendices fueran más como Él en esos aspectos, pocos se opondrían a esas cosas.

El problema es que se nos olvida que, además de hacer todo eso, Jesús también dijo e hizo otras cosas. Defendió la definición tradicional del matrimonio. Aclaró que hay dos géneros solamente. Afirmó la autoridad de la Biblia, inspirada por Dios. Habló sobre amar a tus enemigos y bendecir a los que te maldicen. Dijo ser el único camino exclusivo a Dios.[1]

Si sigues a Jesús, no puedes escoger seguir, creer, confiar y obedecer solamente aquellas cosas que sabes que van a ser aceptadas por la cultura popular e ignorar aquellas que no. Tarde o temprano, alguien se ofenderá. A alguien no le gustará que seas un aprendiz de Jesús. Alguien no estará de acuerdo contigo. Alguien se opondrá a ti de una u otra forma. Y en algunas culturas, eso te puede meter en problemas o hasta costarte la vida.

Y es que todos los primeros discípulos de Jesús sufrieron persecución. A lo largo de la historia, lo mismo ha sucedido con muchos de sus seguidores. Hoy en día, todavía sigue sucediendo. Si eres un aprendiz de Jesús, recuerda que seguimos a un hombre que fue traicionado, burlado, atacado y finalmente crucificado. No puedes esperar que todos te vayan a amar, respetar, aceptar, aplaudir y admirar siempre.

Solemos decir: «Sigue a Jesús; te irá mejor», y en cierto sentido eso es cierto. Al seguir a Jesús recibes lo que nadie nunca te puede quitar: una relación con Dios, un propósito divino, una vida eterna y abundante, el poder del Espíritu Santo trabajando dentro de ti, y no hay nada mejor que eso. Sin embargo, tampoco sería incierto decir: «Sigue a Jesús; puede que te vaya peor».

En el libro de Juan, Jesús les advierte a sus seguidores:

> Si el mundo los odia, sepan que me ha odiado a Mí antes que a ustedes. Si ustedes fueran del mundo, el mundo amaría lo suyo;

pero como no son del mundo, sino que Yo los escogí de entre el mundo, por eso el mundo los odia. Acuérdense de la palabra que Yo les dije: «Un siervo no es mayor que su señor». Si me persiguieron a Mí, también los perseguirán a ustedes; si guardaron Mi palabra, también guardarán la de ustedes (Juan 15:18-20).

Seguir a Jesús es mejor, pero también resulta costoso. ¿Todavía vale la pena para ti seguirle?

En este tiempo, muchos buscan la popularidad y la aceptación de los demás, pero el que sigue a Jesús busca algo infinitamente más valioso, algo que sí satisface. Y es conocer con más intimidad a su Maestro. Es aprender a ser como Él al amar y servir a otros. Es disfrutar de su relación con Dios. El aprendiz de Jesús vive para agradar, en primer lugar, a una audiencia de tan solo Uno, y ese es Dios. Su pasión es vivir para darle gloria a Él primero y cumplir con sus propósitos aquí y ahora. El seguidor de Jesús encuentra libertad del deseo de querer ser aplaudido por todos y cumplir las expectativas de todos, porque está enfocado en la opinión del Único que realmente importa. Y eso es más que suficiente.

El predicador John Wesley lo dijo de esta forma: «El que teme a Dios no le teme a nada ni a nadie más».[2]

Si este es el caso, lo que otros opinen, piensen o comenten sobre él o ella se vuelve secundario.

EL ÚNICO APLAUSO QUE IMPORTA

En la Biblia, encontramos a un seguidor de Jesús llamado Esteban. El libro de los Hechos nos dice que él era un hombre de fe, conocido por su sabiduría, su buena reputación, y por ser lleno del Espíritu Santo. Esteban hacía lo que su Maestro Jesús hacía cuando estaba en la tierra, por eso lo rodeaban señales y milagros.

En cierta ocasión, después de compartir una poderosa prédica, provocó tanta controversia, oposición y enojo que lo apedrearon en ese mismo lugar. Ahí Esteban perdió su vida a una corta edad, pues se cree que solamente tenía entre 28 y 32 años. Pero antes de morir ocurrió lo siguiente: «*Esteban, lleno del Espíritu Santo, fijos los ojos en el cielo, vio la gloria de Dios y a Jesús de pie a la diestra de Dios; y dijo: "Veo los cielos abiertos, y al Hijo del Hombre de pie a la diestra de Dios"*» (Hechos 7:55-56, énfasis añadido).

Es interesante notar que cuando Esteban vio a su Maestro antes de morir, Jesús estaba de pie. Normalmente al leer sobre Jesús estando en el cielo se le describe «sentado a la diestra del Padre». Sin embargo, en este momento, Él no está sentado.

Jesús está de pie para darle la bienvenida a su fiel seguidor.

Puedo imaginar que, en ese momento, Esteban recibe una bienvenida y un aplauso del único que realmente importa. Lo que para el mundo es una tragedia o un fracaso, para Jesús es un triunfo.

Esteban estaba con su Maestro Jesús, y eso explica el que otros vieran su rostro brillar como el de un ángel (Hechos 6:15). Esteban llegó a ser como su Maestro Jesús. Por eso antes de morir dijo: «Señor, no les tomes en cuenta este pecado», así como Jesús de manera similar había dicho: «Padre, perdónalos porque no saben lo que hacen». Él hizo lo que su Maestro Jesús hizo. De ahí que estuviera dispuesto a perder su vida por amor a otros.

Para Esteban, al seguir a Jesús en ese momento, en cierto sentido quizás, no le fue mejor. Pero sí comprobó que, comparado con buscar la aceptación y la aprobación de otros, seguir a Jesús es mejor.

EL MÁS GRANDE DE LA HISTORIA SEGÚN JESÚS

Si me llegases a preguntar quiénes son los grandes de la historia, inmediatamente me vendrían a la mente:

Lionel Messi, el jugador de fútbol más grande de la historia.

Steve Jobs, el emprendedor tecnológico más grande de la historia.

Martín Lutero, el reformador más grande de la historia.

Regreso al futuro, la serie de películas más grande de la historia.

Por nombrar algunos ejemplos.

En cierta ocasión, los seguidores de Jesús estaban discutiendo sobre quién de ellos sería el más grande, pero Jesús ya había aclarado esa pregunta. Según Jesús, su primo Juan el Bautista era el más grande.

Se acabó el debate.

Es curioso porque parece que Jesús tiene otra rúbrica por la cual juzgar la grandeza de una persona. En la actualidad, la de nuestra cultura por lo general tiende a ser popularidad, influencia, impacto, fama, dinero, seguidores y más. Pero al reflexionar sobre la vida de Juan el Bautista, vemos que con el tiempo él no incrementó su popularidad; al contrario, la perdió. Con el tiempo, Juan perdió a sus seguidores, perdió el aplauso y el asombro de las multitudes, perdió su ministerio, perdió sus posesiones, perdió su libertad y perdió su vida.

Perdió todas esas cosas, pero nunca perdió la aprobación de Dios. Juan fue fiel y obediente a la hora de hacer aquello que Dios lo había llamado a hacer, que era dirigir a otros hacia Jesús. Y a pesar de que ante los ojos del mundo su ministerio podría haberse visto como un fracaso, delante de los ojos de Dios, su vida y su ministerio fueron un éxito. Él no se enfocó en cumplir su potencial, sino en cumplir su propósito. Porque, según Jesús, Juan es el más grande que ha existido en la historia (Mateo 11:11).

¿Estás midiendo el éxito en tu vida usando la rúbrica popular (más popularidad, atención, impacto, dinero, seguidores, etc.) o la rúbrica de tu Maestro Jesús (obediencia, fidelidad al llamado, devoción a Dios, servicio a otros, etc.)?

NO ESTÁS AQUÍ PARA IMPRESIONAR. ESTÁS AQUÍ PARA IMPACTAR

Siempre me he considerado una persona ambiciosa, determinada y trabajadora. Nací y crecí en El Salvador, en una familia con una ética muy fuerte de fe, propósito, lucha, perseverancia y trabajo duro. A veces, considero que he estado tan enfocado en mi trabajo y en mis proyectos que hasta he sacrificado mis amistades. Mi naturaleza y personalidad es querer ir demasiado rápido. No es fácil para mí descansar. Y a veces creo que una de las razones de esto es porque podría tener algún deseo escondido, en alguna grieta de mi corazón, de querer impresionar a otros.

Pero la narrativa bíblica me recuerda esto: si sigues a Jesús, no estás aquí para impresionar. Estás aquí para impactar.

Y creo que muchos están buscando el aplauso de otros porque sin darse cuenta están queriendo construir su identidad en eso. Pero el que sigue a Jesús no necesita ir a buscar una identidad o construir su identidad en base a cuántos seguidores tiene, o cuántos reconocimientos posee, o qué es lo que opina la gente de él.

El que sigue a Jesús recibe una identidad de parte de Dios.

Y a lo largo de la Biblia encontramos que cuando tu vida le pertenece a Jesús, tu identidad no es si eres supertalentoso o no; tu identidad es la de un hijo de Dios (Juan 1:12).

Tu identidad no es si le agradas a muchos o pocos; tu identidad es la de un amigo de Jesús (Juan 15:15).

Tu identidad no es qué tan atractivo o atractiva seas o cuánto dinero tengas; tu identidad es que has sido escogido por Dios (Efesios 1:5).

Tu identidad es que eres libre de cualquier culpa y castigo en Jesús (Romanos 8:1-2).

Tu identidad es que eres una obra maestra de Dios (Efesios 2:10 , NTV), y en Él tienes libertad y seguridad (Efesios 3:12). Estos son solo algunos aspectos de tu verdadera identidad porque se podrían nombrar muchos más.

Cuando esa identidad está firmemente puesta en quien Dios dice que eres, no necesitas más aplausos o afirmaciones o mayor popularidad para ser feliz. Tu identidad no la alcanzaste por tu propio esfuerzo, es un regalo de Dios. Te fue dada. Y eso nada ni nadie te lo puede quitar, no importa si tienes muchísima o poca popularidad.

En Cristo, tienes un llamado. Tienes un propósito. Tienes el poder de Dios en tu vida. Tienes todo lo que necesitas porque tienes el favor y el poder y la gracia de Dios en tu vida. Eres libre.

Adelante. Ve a hacer aquello que Dios te llamó a hacer. Eres un aprendiz de Jesús.

Ya tienes la aprobación y el aplauso de tu Padre.

¿AHORA QUÉ HAGO?

OMA UNOS MINUTOS PARA MEDITAR SOBRE LAS POSIBLES MOTIvaciones de tu corazón cuando deseas tener más influencia, crecer en popularidad, ser reconocido por otros o simplemente recibir la aprobación de otros. ¿Será que deberías cambiar tus motivos? ¿Qué diferencia haría esto en tu diario vivir si de ahora en adelante decides poner en práctica el versículo 31 de 1 Corintios 10, donde dice que hagas todo para la gloria de Dios?

Reflexiona en la influencia que hoy tienes en la vida de aquellos a tu alrededor. ¿Cómo los estás influenciando? ¿Pueden otros ver a Jesús a través de tu vida? Piensa en tres personas que conoces y comprométete a animarlas, orar por ellas e influenciarlas de forma intencional en esta temporada. Así como Jesús invirtió de su vida personal en enseñar, animar y acompañar a algunos de forma íntima, proponte ahora hacer lo mismo.

Haz esta oración: *Dios, examina mi corazón. Gracias porque tu aprobación en mi vida es suficiente y en esa verdad encuentro libertad. Hoy pongo a un lado mis propias ambiciones, sueños, deseos, preocupaciones e inquietudes. Ayúdame a vivir para tu*

gloria. Que mi vida sea un reflejo de lo que dijo Juan el Bautista en Juan 3:30: «*Es necesario que Él crezca, y que yo disminuya*». Cualquier influencia que tú puedas darme, permíteme administrarla sabiamente para que otros puedan ver la belleza, grandeza y gloria de Jesús. Amén.

PARTE 4

JESÚS,

LA SALUD MENTAL
Y LAS REDES SOCIALES

CAPÍTULO 11

TU PROBLEMA DE ANSIEDAD ES MÁS ESPIRITUAL DE LO QUE PIENSAS

«Desde mi angustia clamé al Señor, y él
respondió dándome *libertad*».

—Salmos 118:5, NVI, énfasis añadido

ERA UN JUEVES. TENÍA 16 AÑOS. EN MI SALA FAMILIAR HABÍA ALREDEDOR DE diez a quince jóvenes escuchándome compartir un estudio bíblico.

No era mi primera vez. Ya tenía varios años compartiendo mensajes bíblicos en un contexto de grupo pequeño. Como he estado sirviendo desde joven, siempre he sido un tanto extrovertido y apasionado por difundir y enseñar, en una iglesia, grupo pequeño o estudio bíblico, lo que la Biblia dice.

Pero esa vez fue diferente.

En medio de mi mensaje, me empecé a sentir un poco incómodo. De repente, una sensación de inseguridad que no había experimentado antes empezó a invadir mi cuerpo. Después fue una especie de incertidumbre, hasta la fecha no sé de qué específicamente. Luego fue temor. En ese momento, mi mente continuaba dando el mensaje delante de mis amigos, pero yo sabía que algo no estaba bien emocionalmente. Comencé a sudar más de lo normal mientras era invadido por un tipo de pánico que hasta esa fecha no creo haber experimentado. Algunos de mis amigos que estaban más cerca de mí empezaron a notar que no me veía bien y me preguntaron si lo estaba. Yo les decía que sí, tratando de ignorar lo que estaba sintiendo.

De repente, no aguanté más y decidí interrumpir mi mensaje a la mitad del estudio y concluir temprano.

Esa noche experimenté lo que yo creo que fue mi primer ataque de pánico. Después de esa noche, me sentí confundido, ansioso y muy inseguro de lo que había pasado. Le pedí a Dios que por favor no me permitiera pasar eso mismo de nuevo. Y pocos días después me volvió a suceder. De pronto, en una mañana después del servicio de mi iglesia, de la nada comencé a sentirme de la misma forma. Inseguridad profunda. Temor repentino. Pánico sin explicación. Ansiedad paralizante.

Para entonces, ya no solo estaba experimentando temor y ansiedad en esos momentos, sino que comencé a sentir ansiedad respecto a cuándo me sucedería otra vez. Después pasó de nuevo. Y de nuevo. Y de nuevo.

Esto provocó en mí aún más inseguridad, duda e incertidumbre. Desde entonces he tenido temporadas en las cuales he luchado personalmente con la ansiedad por años. Esto ha traído diferentes consecuencias no solo en mi salud mental, sino también en mi salud física.

Ha habido temporadas cuando el estrés y la ansiedad han sido tan fuertes que mi sistema nervioso ha provocado que algunos músculos de mi cuerpo comiencen a temblar de forma repentina. En otras temporadas he luchado con un insomnio severo. He tenido que ir al hospital de emergencia en un par de ocasiones por palpitaciones sin saber específicamente la razón principal.

Por años, he sentido como si en mi mente hubiese una guerra que necesito pelear a diario.

A pesar de ser una persona muy social y extrovertida, en muchísimas ocasiones me he sentido inseguro. He dudado del llamado que Dios me ha hecho de pararme delante de multitudes y predicar con valentía y seguridad la Palabra de Dios. He tenido tiempos en los cuales me he sentido deprimido y confundido. Hay mucho que hasta la fecha todavía no entiendo.

Me encantaría decir que todo eso fue tan solo una temporada en mi vida pasada. Me encantaría decir que una vez que le pedí a Dios que me quitara lo que fuera que estaba sintiendo, nunca más me volvió a pasar. Me encantaría decir que he logrado convertirme en un maestro *sensei* que comprende completamente y domina esta lucha a la perfección. Pero hasta la fecha, ese no ha sido el caso. Sin embargo, Dios sigue siendo fiel y me sostiene de manera sobrenatural.

Les comento esto porque nunca fui bueno para hablar de mis vulnerabilidades y debilidades. Todavía tengo mis temporadas, algunas mejores que otras, cuando continúo luchando con la ansiedad. No obstante, sigo aprendiendo que el héroe de mi historia no soy yo, sino Jesús. Y Él no llama a los fuertes, sino a los débiles. Si eso es cierto, entonces yo califico.

Si te identificas con cualquiera de estas cosas, entonces tú también calificas.

Pero tu historia no termina ahí, solo inicia. Con tu Maestro tienes una esperanza, un apoyo, una fuerza y una amistad que nadie te puede quitar. Y sin importar tus sentimientos, luchas, temores y experiencias, Jesús está contigo. Y si Él está contigo, tienes todo lo que necesitas para enfrentar cualquier batalla.

SI SUFRES DE ALGO RELACIONADO CON LA SALUD MENTAL, NO ERES EL ÚNICO

A pesar de que pocos hablan de esto abiertamente, más y más estudios están encontrando que nuestra generación tiene los niveles más altos de ansiedad, preocupación, estrés, depresión, incertidumbre y temor en la historia.[1]

La Asociación Americana de Psicología (APA, por sus siglas en inglés) reporta que Estados Unidos es el país con mayores niveles de ansiedad en el mundo.[2] Por otro lado, en Latinoamérica, a pesar de que el bienestar mental general de esta región sigue siendo más alto comparado con países donde se habla inglés, más y más estudios están encontrando que el bienestar mental general, especialmente en generaciones más jóvenes, está en declive.[3]

Una encuesta en particular hecha en el 2022 halló que alrededor del 45 % de los jóvenes adultos en América Latina, entre las edades de 18 a 24, se encuentran actualmente «angustiados o luchando» con su salud mental, y el 24 % de la población de América Latina en general también se identifica de la misma manera.[4]

Según la UNICEF, la ansiedad y depresión son los desafíos de la salud mental más comunes entre las edades de 15 y 19, y en este mismo grupo el suicidio es la tercera causa de muerte más común en América Latina y el Caribe, tomando la vida de diez adolescentes cada día.[5]

La psiquiatra chilena Ana María Briceño dijo en cierta ocasión, «hoy es difícil pensar que existe una familia donde no haya una adolescente que sufra de trastornos mentales».[6] La revista *Psychology Today* opina que hoy en día el típico estudiante en la escuela tiene los mismos niveles de ansiedad que un paciente psiquiátrico promedio de los años 50.[7] Estos mismos desafíos no desaparecen automáticamente al entrar a la adultez.

Además de eso, y hablando en general, en algunos de los países de Latinoamérica y en algunos círculos en Estados Unidos parece que todavía hay un estigma social respecto a este tema. Por esta razón a veces resulta difícil tener conversaciones abiertas al respecto y recibir la ayuda necesaria.

Este es un problema que parece estar empeorando más y más.

Ahora bien, al hablar de este tema vale la pena aclarar que no soy doctor. Soy un pastor, esposo, padre, amigo y alguien que lleva años experimentando esta lucha personalmente. No estoy ofreciendo ninguna prescripción o consejos médicos. El objetivo en este capítulo es explorar este tema desde una perspectiva bíblica para descubrir cómo lidiar con algunos de esos sentimientos y desafíos actuales como seguidores de Jesús. Entiendo que cada uno tiene su propia experiencia, algunas más extremas y serias que otras, y no existe una solución fácil que yo pueda compartir en este libro, que aplique para todos a la perfección.

Mi intención con este capítulo es básicamente aclarar que yo no tengo las respuestas, pero quiero dirigirte a quien sí las tiene.

¿ES TU LUCHA CON LA SALUD MENTAL SOLAMENTE UN PROBLEMA ESPIRITUAL?

Por definición, la salud mental es la salud en tu mente; esto incluye la salud de tus pensamientos, tus sentimientos y tu comportamiento.[8]

Es importante señalar que a la hora de hablar de este tema, hoy en día suelen haber dos tipos de opiniones.

Por un lado, están aquellos que piensan que los que luchan con su salud mental necesitan lidiar con el asunto solo de forma espiritual. Ellos te dirán que si estás luchando con ansiedad, depresión, insomnio, pensamientos negativos o cualquier otro desafío similar, la solución siempre es únicamente más oración, más lectura de la Palabra, más ayuno y más intercesión e intervención espiritual.

Por otro lado, están los que ignoran por completo la influencia espiritual que existe detrás de cada uno de nuestros desafíos de salud mental experimentados a nivel individual y como generación. Estas personas piensan que si alguien enfrenta problemas de salud mental es un asunto natural solamente. Y su solución es lidiar con los síntomas solo de forma natural (a través de medicamentos, terapia, suplementos y más).

La narrativa bíblica desafía estas dos perspectivas.

La Biblia nos enseña que, generalmente, tus problemas, incluyendo los que tienen que ver con tu salud mental, son más *espirituales* de lo que piensas.

Y de nada sirve intentar aplicar soluciones *naturales* a problemas que son *sobrenaturales*.

Esto no quiere decir que toda persona que lucha con algún problema de salud mental es siempre debido primeramente a un problema espiritual. La Biblia nos enseña que fuiste diseñado por Dios con una naturaleza física que es hermosamente compleja. Pero debido a que vivimos en un mundo caído e imperfecto, a veces nuestros cuerpos físicos no funcionan como deberían.

Eso significa que, a la hora de tratar este tema, deberías ponerle atención no solo a tu condición espiritual, sino también a tu condición física. En este capítulo comenzaremos con lo espiritual.

PRESTA ATENCIÓN A LO QUE TU MENTE LE PONE ATENCIÓN

En ocasiones, a la hora de hablar sobre seguir a Jesús se suelen usar frases como una «jornada» o un «estilo de vida». Cuando una persona piensa en Jesús se imagina esa ilustración de Él cargando una ovejita apaciblemente. A veces hasta se asocia el tener una relación con Dios con llevar una vida tranquila, apacible, cómoda y siempre en paz constante.

Y es cierto, seguir a Jesús es una jornada. Es cierto que es un estilo de vida que ofrece paz y descanso. Es cierto que Jesús es nuestro pastor. Sin embargo, el lenguaje que los escritores bíblicos usan frecuentemente a la hora de hablar sobre seguir a Jesús es un lenguaje de *guerra*.

Por eso Pablo dice en 1 Timoteo 6:12: «Pelea la buena *batalla* de la fe» (énfasis añadido).

Y también aclara en Efesios 6:12 que «nuestra *lucha* no es contra sangre y carne, sino contra principados, contra potestades, contra los poderes de este mundo de tinieblas, contra las *fuerzas* espirituales de maldad en las *regiones* celestes».

Los escritores bíblicos no hablaban de una batalla física contra otras personas, sino una espiritual. Algunos, al escuchar la palabra espiritual, automáticamente piensan en algo invisible e intangible. Pero si somos sinceros, es evidente que nuestra generación siente esa lucha y el campo de batalla principal es en tu *mente*.

Aparte de experimentar el estrés del día a día con el trabajo, estudios, problemas personales, tensión familiar, sucesos sociales y políticos, somos una generación enredada en un uso constante de las redes sociales. Estamos frecuentemente distraídos con entretenimientos, conectados a lo que sucede alrededor del mundo, aislados por nuestro teléfono, expuestos a lo que todos opinan sobre la polémica o tragedia más reciente. Encima de eso, también vivimos comparando nuestras propias vidas con las de otros, siendo afectados por el enojo, miedo, incertidumbre, duda y hostilidad de aquellos con los que interactuamos en línea. Además, consumimos una variedad de contenido que resulta tóxico para nuestra salud mental.

Vivir en medio de esta cultura nos influye más de lo que pensamos y en muchos casos nos *deforma* de la imagen de Jesús.

En el 2021, la organización SafeHome.org en Estados Unidos hizo un estudio documentando los temores más fuertes de la gente y encontraron que entre los más dominantes de hoy en día se encuentran los siguientes:

- La muerte de un ser querido

- La enfermedad de un ser querido

- La posibilidad de sufrir violencia con armas

- La corrupción del gobierno

- Una enfermedad terminal

- Los crímenes de odio

- Insuficiente dinero para pagar cuentas médicas

- Los disturbios en la sociedad.

La conclusión fue que el 45 % de las personas están experimentando más ansiedad que hace doce meses.[9]

Entonces, no debería causarnos sorpresa que se sienta como una guerra en nuestra mente.

Como ya mencionamos, vivimos en un mundo caído, dolido, herido, imperfecto. Estamos rodeados de ruido, caos, peleas, conflictos, tragedias, malas noticias, en todo momento y en todo lugar. Y suele suceder que en medio de todo esto le pedimos a Dios que cambie nuestras circunstancias.

Sin embargo, antes de trabajar en tu circunstancia, Dios desea trabajar en tu mente.

Por eso Romanos 12:2 habla sobre la necesidad que cada seguidor de Jesús tiene de renovar su mente continuamente. ¿De qué manera haces esto?

Como seguidores y aprendices de Jesús, veamos qué nos enseña nuestro Maestro.

EN ALGUNOS CASOS, TU ANSIEDAD EXPONE TU ATEÍSMO PRÁCTICO

Jesús en cierta ocasión predicó sobre la ansiedad. Y en su prédica, conocida hoy popularmente como «el Sermón del monte», habla sobre el estilo de vida para el cual Dios realmente nos diseñó.

Ahí Jesús enseña que Dios nos diseñó, no para preocuparnos, sino para confiar en Él.

¿Por qué? Porque según Jesús, Dios es como un Padre que cuida de sus hijos.

«Porque los gentiles buscan *ansiosamente* todas estas cosas (inserta aquí todas esas cosas por las que te preocupas con frecuencia); que el Padre celestial sabe que ustedes necesitan todas estas cosas. Pero busquen primero Su reino y Su justicia, y todas estas cosas les serán añadidas» (Mateo 6:32-33, énfasis añadido).

Lo que dice Jesús implica que si no tuviéramos un Padre todopoderoso, perfectamente amoroso y que ofrece un cuidado perfecto, entonces tendría sentido vivir en constante ansiedad. Por eso dice que aquellos que todavía no le conocen (Él los llama «gentiles») viven ansiosos.

Pero ustedes que son aprendices de Jesús, señala, ustedes que han sido escogidos y apartados para Dios, ustedes que han sido adoptados como hijos e hijas, están seguros porque Dios, el Padre perfecto, siempre provee lo que sus hijos necesitan.

En otras palabras, según Jesús, en algunos casos, cuando nos preocupamos constantemente es como si fuéramos ateos, ya que vivimos como alguien que no cree que hay un Dios bueno, perfecto, soberano, y más grande que tu preocupación, problema, desafío o circunstancia.[10]

Si Dios no existe, eso significa que lo que sea que me preocupa me toca a mí solucionarlo, y estoy solo en esto. Jesús nos enseña que simplemente ese no es el caso.

Él nos recuerda que no hay razón para vivir un ateísmo práctico.

Esto no lo digo para que te ofendas o te desanimes. Como alguien que ha luchado con la ansiedad, ataques de pánico y otros síntomas físicos relacionados con mi sistema nervioso, estoy consciente de que existen diferentes tipos de ansiedad, y esto no aplica necesariamente a toda situación.

Pero en mi caso, muchas veces he descubierto en mi propio corazón este ateísmo práctico al cual Jesús hace referencia en el Sermón del monte.

Por eso necesitas recordar esta verdad que Jesús nos enseña para comenzar a renovar nuestra mente:

Fuiste creado por Dios y para Dios.

Él te conoció desde antes de la fundación del mundo. Te amó. Te escogió. Te perdonó. Te llamó. Te capacitó. Te adoptó como su hijo o hija al pagar el precio más alto dando la vida de su único Hijo Jesús en tu lugar.

Tu identidad está en Él. Tu vida tiene un propósito divino. Tu destino es la victoria porque Jesús venció toda injusticia, dolor, mal y pecado.

Si Dios te ha demostrado una y otra vez su fidelidad en tu pasado, por más difícil que haya sido, Él seguirá siendo fiel hoy.

Y como si todo eso fuera poco, su misma presencia habita dentro de ti a través de su Espíritu Santo, que te consuela y te recuerda que Él está presente a tu lado siempre. Hoy puedes confiar en Él porque tiene un perfecto cuidado de tu vida. Hoy cuentas con su respaldo, atención, cariño, amor incondicional, y de ese amor no hay nada que pueda separarte.

Si todo eso es cierto, tu vida necesita ser sobrenaturalmente diferente.

El problema es que con mucha facilidad se nos olvida esta verdad. Por eso el renovar nuestra mente es algo que necesitamos hacer todo el tiempo a través de la meditación de la Palabra de Dios.

TU VIDA ESTÁ BAJO EL CUIDADO DE ALGUIEN MÁS

Uno de los textos que más ha impactado mi vida y en especial mis pensamientos durante mis temporadas de lucha con la ansiedad es el salmo 23, especialmente el primer versículo.

«El Señor es mi pastor, nada me faltará» (Salmos 23:1).

El autor Dallas Willard interpreta este versículo diciendo que si Jehová es tu pastor, entonces tu vida está bajo el cuidado de alguien más. Déjame repetírtelo porque esa verdad bíblica fue y sigue siendo para mí una de las realidades más impactantes que hoy atesoro:

Jehová es tu pastor. Tu vida está bajo el cuidado de alguien más.

Respira. Deja caer ese peso de tus hombros.

No te toca a ti directamente solucionar todos tus problemas, en especial aquellos en los cuales tienes absolutamente cero control. Y debido a que Jehová es tu pastor, debido a que Él tiene un perfecto cuidado de ti, puedes dar por hecho que toda circunstancia en tu vida es enviada o permitida por Dios.

Nada le agarra por sorpresa.

Eso significa que Él tiene la última palabra sobre la *intensidad* y la *duración* de cualquier prueba en tu vida. Y como ese es el caso, tendrá un propósito bueno para esa prueba. Puedes confiar en que tu Pastor está contigo, y su presencia a tu lado es suficiente.

En realidad, muchos de nosotros sabemos eso (a un nivel intelectual), pero en nuestra vida diaria ponemos en práctica otra cosa. Por tanto, necesitamos que esta verdad llegue a nuestro corazón.

Por eso Jesús nos recuerda que tienes un Padre celestial que cuida de tu vida. Jesús nos recuerda su carácter. Nos recuerda que Él es bueno. Nos recuerda que tu vida está bajo el cuidado de alguien más, y en tu caso, se encuentra en las manos de un buen Pastor.

No necesitas preocuparte más. Necesitas recordar quién cuida de ti.

Hoy eres libre para confiar porque lo que sea que te preocupe, Dios es más grande.

¿EN QUIÉN REALMENTE ESTÁS CONFIANDO?

A veces tu ansiedad expone tu ateísmo práctico. Pero con frecuencia, según Jesús, tu ansiedad también expone tu politeísmo práctico.

Eso significa que tienes, prácticamente, más dioses en tu vida, y a eso la Biblia lo llama «idolatría».

¿Qué es aquello que ha tomado el lugar de Dios en tu vida, aquello a lo cual le has dado demasiada importancia, demasiada prioridad, demasiado cuidado?

Podría ser tu bienestar, alguna relación en tu vida, tu trabajo, tus estudios, el dinero, lo que otros piensan de ti, algo que realmente deseas y no tienes, o cuando las cosas no van como quieres, o no consigues lo que deseas, o has perdido algo que valoras mucho. Algunas de estas cosas tienen su lugar y, en la medida correcta, son buenas en sí, pero si toman el lugar de Dios se vuelven ídolos en tu vida. Y en el momento en que tu ídolo te falla, te llenas de ansiedad y de una preocupación que te paraliza.

Por eso la invitación de Jesús es que pongas el reino de Dios primero.

Pon tu relación con Dios en primer lugar. Deja que Él ocupe ese espacio más importante de tu vida y que todo lo demás que deseas sea secundario.

Recuérdale a tu mente. Una y otra vez. Tienes un Padre. Él te cuida.

Búscalo a Él primero, y Él se encargará de todo lo demás.

¿CÓMO CUIDAR TU SALUD MENTAL SI SIGUES A JESÚS?

«Y andaré en *libertad*, porque busco Tus preceptos».
—Salmos 119:45, énfasis añadido

R ECUERDO QUE CUANDO ESTABA EN LA UNIVERSIDAD Y TENÍA CLASES MUY temprano, nunca me alcanzaba el tiempo para desayunar. Así que lo que hacía regularmente era agarrar una manzana de la cafetería, y para cortarla llevaba siempre un pequeño cuchillo de metal en mi mochila.

Al terminar el semestre, tuve la oportunidad de regresar a El Salvador para el verano, y siempre que viajo yo llevo mi mochila. En esa ocasión, al pasar por el chequeo de seguridad del aeropuerto, el guardia me preguntó si tenía líquidos, aerosol, explosivos o algún arma. Obviamente mi respuesta fue: no.

Así que puse mi mochila en la máquina de seguridad, cuyo propósito es filtrar todo lo que pasa por ella para identificar lo que no debe entrar en un avión por motivos de seguridad. En ese momento, al poner mi mochila en esa máquina, recordé que se me había olvidado sacar el cuchillo de metal que llevaba adentro.

De repente, veo que el guardia se me queda mirando y me llama enseguida. Yo comencé a preguntarme si me llevaría preso o si me iban a registrar en partes donde no quiero que me registren. Cuando fui adonde él estaba, le expliqué que ese era el cuchillo que yo humildemente usaba para comer manzanas en mi universidad.

A pesar de que mi explicación no sonó muy convincente al decirla en voz alta, el guardia tomó mi mochila, sacó el cuchillo, lo puso a un lado y me dijo que continuara mi camino.

A la hora de tratar con nuestros pensamientos, tenemos a nuestra disponibilidad una máquina divina de seguridad, la Palabra de Dios.

Mira lo que nos enseña la Biblia sobre cómo hacer esto con tus pensamientos cuando somos seguidores de Jesús: «Porque las *armas* de nuestra contienda (o nuestra lucha) no son carnales (o naturales), sino poderosas en Dios para la destrucción de fortalezas; destruyendo especulaciones y todo razonamiento altivo que se levanta contra el conocimiento de Dios, y poniendo todo pensamiento en cautiverio a la obediencia de Cristo» (2 Corintios 10:4-5, énfasis añadido y aclaraciones del autor entre paréntesis).

El autor bíblico de este texto dice dos cosas.

Primero, la Palabra de Dios es un arma espiritual poderosa. Y tiene un poder sobrenatural para destruir mentiras, fortalezas, y cadenas que te tienen enredado en falsedad, temor, ansiedad, depresión, incertidumbre, preocupación y más.

Segundo, el autor de este versículo dice qué hacer con tus pensamientos.

Debes llevar *cautivo* cada pensamiento que tengas al pasarlo por «la máquina de chequeo de seguridad» de la Palabra de Dios para confrontarlo y asegurarte de que se conforme a la verdad que Jesús te ha enseñado.

Jesús describe esta idea así: «Si ustedes permanecen en Mi palabra, verdaderamente son Mis discípulos; y conocerán la *verdad*, y la verdad los hará *libres*» (Juan 8:31-32, énfasis añadido).

Jesús nos enseña que cuando conoces lo que es verdad, experimentas libertad. Pero cuando crees algo que es mentira, es como vivir atado con cadenas o en una prisión.

¿Cuándo fue la última vez que te preocupaste por algo que nunca terminó sucediendo?

Un estudio realizado en la Universidad Estatal de Pensilvania (Penn State) le pidió a un grupo de personas que tomaran nota de sus preocupaciones y escribieran cuántas veces aquello por lo cual se estaban preocupando realmente terminó sucediendo; según este estudio, el 91 % de sus preocupaciones nunca llegaron a hacerse realidad.[1]

Jesús nos recuerda que todo lo que Él es, todo lo que Él dice, todo lo que Él enseña es verdad. Y esta verdad rompe tus cadenas de temor, ansiedad y estrés. La verdad de Jesús te hace libre.

¿Qué mentiras estás creyendo en tu mente hoy?

Sientes susurros o escuchas en tu mente que tu futuro se ve desastroso, que lo peor está por venir, que el desafío o la situación difícil que hoy estás enfrentando te vencerá y no podrás salir adelante.

Si sigues a Jesús, cada una de esas cosas es mentira. Eso no significa que no habrá dolor, lucha, sufrimiento, confusión o que será fácil. Seguir a Jesús no te garantiza una vida sin problemas, pero sí te garantiza la presencia de Dios a través de tus problemas.

Cuando esos pensamientos vuelvan a invadir tu mente y traigan temor, desánimo, derrota, duda, confusión, ansiedad, inseguridad o desesperación, hazlos pasar por la máquina de seguridad de la Palabra de Dios.

Pongamos esto en práctica ahora mismo.

Toma lo que sea que te esté robando tu paz en este momento y compara lo que esos pensamientos te dicen con lo que dicen las siguientes promesas y verdades bíblicas:

«"Porque Yo sé los planes que tengo para ustedes", declara el Señor, "planes de bienestar y no de calamidad, para darles un futuro y una esperanza"» (Jeremías 29:11).

«"No temas, porque Yo estoy contigo; no te desalientes, porque Yo soy tu Dios. Te fortaleceré, ciertamente te ayudaré, sí, te sostendré con la diestra de Mi justicia"» (Isaías 41:10).

«Y mi Dios proveerá a todas sus necesidades, conforme a sus riquezas en gloria en Cristo Jesús» (Filipenses 4:19).

«Tú eres Mi Hijo amado, en Ti me he complacido» (Lucas 3:22).

Estos son solo algunos ejemplos de verdades bíblicas a las cuales puedes acudir para eliminar cualquier idea que quiera robarte la vida abundante que Dios te ha llamado a vivir. La Biblia está llena de verdades y promesas que tienen el poder para destruir cualquier mentira que hoy tu enemigo espiritual pueda susurrarte al oído.

Confronta cada pensamiento.

Llévalos cautivos a la obediencia a Cristo.

La verdad de la Palabra de Dios te hará libre.

Es imposible estar con Jesús, ser como Jesús y hacer lo que Jesús hace y, sin embargo, permitir que tu mente esté llena de pensamientos falsos y tóxicos que no has confrontado con la Palabra de Dios.

En esta guerra espiritual tienes una máquina de seguridad efectiva. Esa es tu arma. Tienes autoridad. Tienes poder. Tienes la espada de la Palabra de Dios.

Tú no puedes controlar muchísimas cosas —tus circunstancias, lo que otros hacen, etc.— pero sí puedes controlar lo que piensas, en lo que te enfocas y en lo que meditas. Recuerda que tus problemas y desafíos son más espirituales de lo que tú crees, y antes de ganar la batalla en lo físico, necesitas ganarla en lo espiritual.

NO TODO PROBLEMA DE SALUD MENTAL ES UN PROBLEMA ESPIRITUAL

Tus problemas son más espirituales de lo que piensas, pero no eres un ser espiritual solamente.

También tienes un cuerpo físico que te fue dado como un regalo de Dios y para su gloria. Es posible que detrás de tu problema de salud mental haya una causa física y natural. Por alguna razón, no se tiende a hablar mucho de esto en las iglesias, pero a Dios no solo le importa tu salud espiritual, también le importa tu salud física.

¿Qué nos enseña la Biblia sobre esto?

Es curioso que en la narrativa bíblica encontramos ejemplo tras ejemplo de héroes de la fe, hombres y mujeres de Dios que pasaron por momentos muy difíciles de sufrimiento, duda, depresión, incertidumbre y ansiedad. Todos ellos, como ya vimos, se apoyaron primeramente en su relación con Dios y en la verdad de su Palabra y sus promesas. Pero eso no fue todo.

Uno de mis personajes favoritos en la Biblia se llama Elías.

Elías era un profeta poderoso de Dios. En cierta ocasión oró para que no lloviera y no llovió por tres años. En otra ocasión estaba con una mujer y su hijo, y de la nada, el hijo de esta mujer murió. Pero Elías oró por el pequeño y este resucitó. En otro momento, se enfrentó a cuatrocientos cincuenta profetas falsos (de otros dioses) e hizo una apuesta con ellos para ver quién era el Dios verdadero. Entonces Elías oró y vino fuego del cielo. Cuando todos vieron esto, cayeron al piso para adorar a Dios.

Este es el trasfondo de Elías; era un hombre de Dios. Eso queda claro.

Sin embargo, considera lo que pasa después. La reina de este tiempo vio lo que había hecho Elías con los profetas falsos y le dijo que lo iba a matar. Mira lo que sucede: «Elías tuvo *miedo*, y se levantó y se fue para *salvar* su vida; y vino a Beerseba de Judá y dejó allí a su criado, y anduvo por el desierto un día de camino, y vino y se sentó bajo un arbusto; pidió morirse y dijo: "Basta ya, Señor, toma mi vida porque yo no soy mejor que mis padres"» (1 Reyes 19:3-4, énfasis añadido).

Elías, el profeta llamado por Dios, quien no solo conoce la Palabra de Dios, sino que es un predicador de ella, que ha sido usado poderosamente, que ha sido testigo de milagros, que ha sido un instrumento poderoso en las manos del Creador del universo, ese mismo ahora está sufriendo de miedo, depresión, y tiene pensamientos de suicidio.

Elías está luchando con su salud mental.

Es interesante notar que a pesar de cómo se sentía, Elías estaba consciente de que no tenía el derecho de quitarse la vida él mismo, y lo que hace al tener esos sentimientos no es aislarse, quejarse o alejarse de Dios. Al contrario, Elías corre hacia Él con esos sentimientos.

¿Te imaginas a este hombre de Dios orando, y que a la hora de presentar sus peticiones, una de ellas sea que Dios le quite la vida?

Tienes el permiso de Dios para correr hacia Él y expresarle cada uno de tus sentimientos, por más desagradables, incómodos y sinceros que sean.

Dios no busca oraciones que suenen religiosas. Él busca oraciones sinceras.

A Dios no le intimidan tus sentimientos. Ábrele tu corazón y dile lo que realmente sientes.

Por cierto, al percatarnos de lo que Elías le pide a Dios en oración, podemos ver un perfecto ejemplo de cómo a veces debería darte alivio el hecho de que Dios responda tus peticiones de oración con un «no». Cuando esto sucede, a veces sentimos como que estamos listos para rendirnos en esa situación, pero Dios solo está comenzando su trabajo más especial en tu vida.

¿Qué hace Dios después?

Y acostándose bajo el arbusto, se durmió; pero un ángel lo tocó y le dijo: «Levántate, come». Entonces vio que en su cabecera había una torta *cocida sobre* piedras calientes y una vasija de agua. Comió y bebió, y volvió a acostarse. El ángel del Señor volvió por segunda vez, lo tocó y *le* dijo: «Levántate, come, porque es muy largo el camino para ti». Se levantó, pues, y comió y bebió, y con la fuerza de aquella comida caminó cuarenta días y cuarenta noches hasta Horeb, el monte de Dios (1 Reyes 19:5-8).

Elías tiene ansiedad, temor, depresión y pensamientos de suicidio. Está luchando con su salud mental. ¿Qué hace Dios?

Lo primero que Dios hace es enviar a un ángel. Comienza con lo espiritual. El ángel no regaña a Elías. No le dice que debería darle vergüenza sentirse de esa forma. No le dice que deje de ser tan llorón o que le hace falta orar más.

Lo primero que hace es darle un toque de consuelo.

El Espíritu Santo es un buen Consolador.

En medio de tu ansiedad, invita al Espíritu Santo a que te consuele. En medio de tu preocupación, comienza con decirle al Espíritu Santo lo que te tiene inquieto. En medio de tu incertidumbre, pídele al Espíritu Santo que te recuerde lo que es verdad. Él es quien te da consuelo. Él te recuerda que el Dios que te sostiene es fuerte, todopoderoso, fiel y siempre bueno. Él invade tu mente de forma gentil y sobrenatural al entregarle tus pensamientos y llevarlos cautivos a la verdad de su Palabra.

Pero volvamos a Elías. Después del toque de un ángel, Dios lo invita a comer.

La solución de Dios para los sentimientos de Elías en ese momento es cocinarle un buen desayuno. Me imagino que pudo haberle dado unos taquitos al pastor, huevitos con frijoles, platanitos fritos, unas pupusas revueltas, unas baleadas, unas arepas con posiblemente una horchata, un poco de pan dulce o un cafecito.

En este pasaje aprendemos que Dios no es como muchos cristianos que creen que si estás pasando por depresión o ansiedad, entonces automáticamente siempre se trata de un problema espiritual exclusivamente. A veces lo que sucede en algunas iglesias es que si dices que estás luchando con este tipo de sentimientos, entonces se asume de manera automática que te hace falta orar más, o tener más fe, o madurar espiritualmente.

En ocasiones, quizás ese sí sea el caso. Pero la salud mental de Elías en ese preciso momento necesitaba también una atención física y natural.

En ese preciso momento, Él necesitaba una comida, no un sermón.

En ese preciso momento, Él necesitaba un desayuno, no cuarenta días de ayuno.

En ese preciso momento, Él necesitaba una siesta, no liberación.

Y Dios trata en esta situación en particular directamente con eso.

¿Qué hábitos necesitas fomentar en tu vida, que tienen que ver con tu salud física, para cuidar tu salud mental?

No puedes esperar tener paz y alegría en tu mente cuando pasas horas y horas consumiendo caos, conflictos, peleas, quejas, malas noticias y otro contenido tóxico en tus redes sociales día tras día.

No puedes esperar poder dormir con un sueño reparador si pasas horas y horas en la oscuridad, a medianoche, con el teléfono frente a tus ojos, siendo estimulado por videos, fotos, películas y *shows* en tu teléfono. Desde un punto de vista neuroquímico, la luz de tu teléfono le está diciendo a tu cerebro «¡necesitas estar alerta!», y esto no te permitirá dormir.[2]

No puedes esperar sentir descanso en tu mente cuando siempre estás conectado a tu teléfono, desconectado de Dios, distraído con las redes sociales, trabajando sin parar, y rara vez tomas el tiempo necesario para detenerte y descansar.

Tenemos una naturaleza física dada por Dios. Necesitamos poner atención a nuestro cuidado físico.

Orar, leer la Biblia, practicar tus disciplinas espirituales es bueno y necesario. Habiendo dicho esto, a veces lo que necesitas considerar también es una mejor dieta. Lo que comes influye muchísimo en la salud de tu cuerpo, y necesitas cuidarlo.

Algunos quizás se sienten estresados y amargados más de lo normal, posiblemente con los nervios alterados, faltos de sueño y agotados. Tal vez lo que necesitan es tomar un día libre y descansar. ¿Por qué?

Si Dios, el Creador del cielo y la tierra y de todo el universo, descansó a la hora de crear el mundo y todo lo que existe, ¿quién eres tú para no descansar nunca?

Por otra parte, no solo tenemos una naturaleza física y espiritual; también tenemos una naturaleza emocional, social y creativa. Por tanto, necesitamos un toque físico, cariño, afirmación de otros, amistades con las que compartir, reír y platicar. Necesitas poner en práctica la creatividad, el dibujo, el arte, la creación de contenido digital; además, escuchar música, ir al cine, distraerte con un buen *show* o un buen libro.

Debido a que Dios nos hizo seres con un cuerpo físico, tampoco te hace menos espiritual, en los casos apropiados, acudir a un doctor, recibir terapia, tomar medicamentos recetados y hacer cosas que te ayudan y le traen bien a tu salud física y mental.

A Dios le importa no solo tu salud espiritual, sino también tu salud física.

No la descuides.

NO FUISTE DISEÑADO PARA SEGUIR A JESÚS Y LUCHAR ESTA GUERRA EN AISLAMIENTO

Hoy en día, a pesar de que gracias al internet y las redes sociales somos la generación más «conectada» en la historia, a la vez nos sentimos más *solos* que nunca.

La pandemia del COVID-19 contribuyó a esto, ya que desde entonces se hizo común escuchar las palabras «aislamiento» y «cuarentena». Muchos se acostumbraron y se acomodaron a estar físicamente aislados y quedarse solos.

Eso tuvo lugar en su momento, y para algunos puede que precauciones similares sean necesarias, pero el vivir aislado no debería describir tu vida.

¿Por qué? Porque no fuimos diseñados para eso. Fuimos diseñados por Dios para vivir en comunidad, con amigos, familia, iglesia, sociedad. Nos necesitamos el uno al otro.

Mira lo que dice Eclesiastés 4:9-10:

> Más valen dos que uno solo,
> Pues tienen mejor pago por su trabajo.

Porque si uno de ellos cae, el otro levantará a su compañero;
Pero ¡ay del que cae cuando no hay otro que lo levante!

A la hora de hablar sobre la ansiedad, depresión, soledad o ataques de pánico es posible que muchos se sientan incómodos, porque creen que son los únicos que están lidiando con esas cosas.

En cierta ocasión, cuando mi hermano y yo estábamos pequeños, fuimos al dentista. En esa cita en particular, a mi hermano le encontraron un par de caries y a mí ninguna. En ese momento dije: «Vaya, yo casi nunca me lavo los dientes, y aun así no me salió ninguna caries».

Ese día concluí que tenía algún superpoder especial que me impedía tener caries y por eso decidí que en los siguientes seis meses nunca iba a lavarme los dientes. Al volver a nuestra próxima cita, el dentista me encontró (no es mentira) dieciséis caries. Agendamos una siguiente cita. Me senté en una silla. Abrí mi boca. Y dejé que el dentista hiciera lo suyo.

Está de más decir que no fue una experiencia agradable.

No fue hasta que estuve dispuesto a abrir mi boca y permitir que el dentista pudiera observar dentro de esta que pude encontrar salud en mis dientes.

Algunos de nosotros estamos lidiando con asuntos de salud mental, pero no estamos dispuestos a abrirnos ante otros para que puedan ver qué está pasando y así poder ayudarnos.

Esta es tan solo una de las muchas razones por las cuales necesitas una iglesia. Y no solo estoy hablando de asistir a un servicio de iglesia por semana, donde escuchas un mensaje y cantas algunas canciones. Eso es bueno y tiene su lugar.

Más específicamente me refiero a encontrar tu grupo pequeño de amigos con quienes puedas seguir a Jesús. Aquellas personas a tu alrededor que forman tu círculo íntimo. Estas son las que conocen tus fortalezas, pero también tus debilidades. Te conocen en tus mejores momentos, pero también en tus momentos más vulnerables.

Necesitas a este grupo de amigos.

¿Por qué? Porque con ellos vas a encontrar el apoyo, cuidado, consuelo, ánimo y fuerza que tarde o temprano necesitarás para lidiar con los desafíos de la vida. Fuiste diseñado para eso y no para vivir aislado.

ANSIOSO, CARGADO, CANSADO Y ABRUMADO

Déjame cerrar este capítulo con una invitación, no mía, sino de tu Maestro Jesús: «Vengan a Mí, todos los que están cansados y cargados, y Yo los haré descansar» (Mateo 11:28).

¿Qué pasa cuando parece que tu ansiedad no se va? ¿Qué pasa cuando pensaste que para este punto ya no estarías luchando con esa batalla privada? ¿Qué pasa cuando experimentas dolor y parece no terminar nunca? ¿Qué pasa si es una temporada difícil y sientes que ya no aguantas? Te sientes cansado, cargado, exhausto y agobiado, desesperado, desanimado y desesperanzado.

Jesús dice: «Ven y te daré descanso».

Jesús sabe lo que estás pasando. Él sufrió profundamente con su salud mental.

Él sabe lo que es recibir rechazo de sus seres más queridos, experimentar tensión familiar, pues su propia familia pensaba que no estaba bien de la cabeza. Jesús contaba con muchos que lo respetaron, lo admiraron, lo amaron, pero de la noche a la mañana lo criticaron, lo vieron de menos, lo culparon, lo detestaron y lo despreciaron. Sus mejores amigos lo abandonaron y hasta se avergonzaron de tener cierta asociación con Él.

Se sintió solo, agobiado y ansioso a tal punto que, en cierta ocasión, orando, hasta sudó sangre. Y encima de eso, fue a la cruz en tu lugar para ser golpeado, para que su piel fuera rasgada, su cuerpo clavado, su sangre derramada, su desnudez expuesta. Y lo hizo para traer sanidad y salvación a esta tierra, y para vencer la muerte, los poderes espirituales que se oponen a Dios y todo mal. Para que hoy pudieras tener completo acceso a Dios, quien te adopta como hijo amado y te ofrece una vida libre y abundante aun en medio de problemas, desafíos y circunstancias difíciles.

Jesús pasó por eso y más. Y aun así venció en tu lugar.

Ahí está tu esperanza. Si Él venció, y hoy sigues a tu Maestro vencedor, estás en proceso no solo de estar con tu Maestro, sino de ser como tu Maestro. Eso significa que tú también vencerás.

Y hoy te invita una vez más diciéndote:

Ven y te daré descanso.

CAPÍTULO 13

ADIÓS YOUTUBE

«*Anden* como *libres*, pero no usen la libertad como pretexto
para la maldad, sino *empléenla* como siervos de Dios».
—1 Pedro 2:16, énfasis añadido

¿ALGUNA VEZ TE HAS PUESTO A PENSAR SOBRE LAS SIMILITUDES ENTRE EL tiempo en que vivimos, un tiempo marcado por el uso de las redes sociales, y la vida y el mensaje de Jesús?

Piénsalo conmigo un segundo.

En este tiempo de redes sociales tenemos seguidores.
La invitación de Jesús a sus amigos fue «sígueme» y tuvo seguidores.

En este tiempo de redes sociales, tenemos *influencers*.
Jesús fue y es el *influencer* más grande de la historia.

En este tiempo de redes sociales, cuando algo se hace popular decimos que se ha hecho viral.
El mensaje de Jesús, y su vida, muerte y resurrección se hicieron virales.

Hay tantas similitudes... pero también hay tantas diferencias.

En las redes sociales, todos quieren hacer cosas en público.
Jesús nos invita a la intimidad en lo privado.

En las redes sociales, generalmente se busca el aplauso de otros.
Jesús nos ofrece algo mejor: la aprobación del Padre.

En las redes sociales, no todo lo que encuentras es verdad.
Jesús dijo: «Yo soy la verdad».

En las redes sociales somos rápidos para hablar y lentos para escuchar.
Jesús nos enseña a ser lentos para hablar y rápidos para escuchar.

En las redes sociales hay contenido tóxico que nos hace adictos.
Lo que Jesús ofrece es vida y Él nos hace libres.

Esos son solo algunos ejemplos, pero la pregunta sigue siendo:

¿Tu vida demuestra más lo que se ve comúnmente en el mundo de las redes sociales o más de la forma en que Jesús te enseña a vivir?

Todos saben lo populares que son las redes sociales, pero pocos se dan cuenta de las múltiples maneras en que las mismas nos están influenciando, moldeando y afectando. Hasta la fecha, el uso de las redes sociales sigue siendo una de las actividades más populares e influyentes de hoy en día. Afecta muchísimos aspectos de tu vida diaria, pero el área en que posiblemente más influye es tu salud mental.

¿ADIÓS REDES SOCIALES?

Después de más de diez años, en diferentes temporadas he tenido la idea de dejar de crear videos en YouTube o incluso de salir por completo de las redes sociales.

Hoy en día, cuando algún creador de contenido se hace popular, no es inusual escuchar diferentes historias de por qué, finalmente, ha decidido retirarse de YouTube o dejar de subir contenido. Algunos lo han hecho porque han querido cambiar de carrera. Otros se van por razones de salud mental. Algunos porque el crear contenido en las redes sociales ha influido para mal en su vida personal y en sus relaciones más cercanas.

En mi caso personal, no he abandonado las redes sociales ni la creación de contenido porque cuando comencé no fue solamente por diversión, sino por llamado. Si Dios me llamó a hacerlo, esperaré a que Él me llame a dejarlo. Hasta que eso no pase, me verán en las redes sociales. Pero para cuidar mi salud mental, social, emocional y espiritual, a lo largo de los años he aprendido a decirle adiós a mis redes sociales por lo menos un día completo de cada semana.

Déjame explicarte el porqué.

EL PELIGRO DEL CONSUMO Y USO DE LAS REDES SOCIALES

Debido a que las redes sociales son una tecnología relativamente nueva, todavía estamos descubriendo más y más los efectos positivos y negativos que estas tienen en nuestra salud mental. CNN ha lanzado series de artículos donde se enfocan en este tema. En uno de ellos en particular comparte un estudio hecho en Inglaterra que encontró que la peor red social para tu salud mental es Instagram,[1] y sus efectos negativos son más fuertes entre jóvenes y adolescentes.

En Estados Unidos, algunas escuelas han demandado a las compañías de Facebook, Instagram y TikTok debido a que creen que estas plataformas están causando una crisis pública de salud mental y dañando la educación de esta nueva generación.[2] Según otros estudios, parece que el período en que la ansiedad, depresión y soledad empezaron a incrementarse significativamente fue en el 2012, cuando se hizo popular el uso de las redes sociales.[3]

Hoy en día hay muchos estudios que tratan sobre los peligros y efectos negativos de las redes sociales. Aquí les presento algunos:

1. Usar tus redes sociales irresponsablemente te hace un adicto.

Todos hemos experimentado esto. Según el autor Cal Newport, muchas de las compañías de redes sociales más grandes contratan a ingenieros que se especializan en cómo mantener tu atención lo más posible. Ellas intencionalmente adoptan principios usados en los juegos de apuestas en casinos de Las Vegas para intentar hacer sus servicios y productos lo más adictivos posible. Hasta la fecha es obvio que lo han logrado.[4]

2. Usar tus redes sociales excesivamente te hace obsesionarte contigo mismo.

Los algoritmos de las redes sociales funcionan de manera que todo se trate de ti. Tu perfil. Tus videos. Tus fotos. Tus seguidores. Tus *likes*. Tus gustos. Tus intereses. Tus preferencias. Tu estilo de vida. Es más fácil que nunca presumir, no de quien eres, sino de quien proyectas que eres ante otros. Mientras más tiempo pasas en redes sociales, más piensas en lo que otros piensan de ti basado en lo que compartes.

Según la revista *Psychology Today*, nuestra generación es la más narcisista y enfocada en sí misma que alguna vez ha existido en la historia.[5] Muchos creen que las redes sociales solo han exacerbado esta tendencia.

3. Usar tus redes sociales imprudentemente alimenta el «troll» que llevas dentro.

¿Se han dado cuenta de que en las redes sociales parece que la gente siente permiso de ser más ofensivos con otros y menos compasivos de lo normal?

Mira lo que dice el hermano de Jesús en esta carta: «Cada uno sea pronto para oír, tardo para hablar, tardo para la ira» (Santiago 1:19).

Es irónico que la mayoría de nosotros seamos exactamente lo opuesto a la hora de expresarnos en las redes sociales. Somos lentos para oír, prontos para hablar, y prontos para demostrar enojo, queja y desprecio hacia otros. El autor Jaron Lanier comenta sobre este punto en su libro *Ten Arguments for Deleting Your Social Media Accounts Right Now* [*Diez razones para borrar tus redes sociales de inmediato*], y explica que, por lo general, mientras más cruel eres en las redes sociales, más atención recibes.[6]

4. Usar tus redes sociales excesivamente podría incrementar tu depresión y ansiedad.

¿Por qué? Por muchos factores. Quizás entre los más fuertes podemos mencionar que, mientras más tiempo pasas en redes sociales, más te comparas con otras personas. Y cuando esto sucede, más te das cuenta de lo aburrida, ordinaria e imperfecta que es tu vida. Según estudios, mientras más te comparas con otros, más miserable te sentirás.

Por otra parte, cuanto más tiempo pases distraído, enfocado y conectado en tu teléfono, te resultará más difícil estar presente y desarrollar relaciones en la vida real con amigos, familiares y conocidos. También perderás los beneficios emocionales que ellos traen. En otras palabras, esto te hará menos feliz.

En las redes sociales también hay bastante presión por proyectar cierta imagen de quien te gustaría ser y lo «perfecta» que parece ser tu vida, cuando en realidad sabes que ese no es el caso. Esto contribuye a un incremento de tus sentimientos de inseguridad.[7]

Hay más.

¿Te identificas con algunas de estas cosas? ¿Cuáles? ¿Algunas? ¿Todas?

El punto es que las redes sociales no solo son algo que tú haces, sino que ellas son las que te hacen algo a ti. Te forman o en muchos casos también te deforman.

Ahora bien, se cree que cuando las redes sociales se utilizan con el objetivo de conectar con otros socialmente y ser parte de una comunidad saludable, su uso resulta conveniente. En cambio, cuando se utilizan con el único objetivo de consumir contenido y comparar tu estilo de vida con el de otros, conllevan problemas de salud mental.

Jesús tenía la costumbre de ir de un lugar al otro. Él predicó, interactuó con multitudes, se involucró en controversias, y experimentó oposición, odio, desprecio y rechazo. Pero mira lo que nos dice la Biblia sobre qué más hacía Jesús mientras caminaba durante su ministerio de un lugar al otro: «Su fama se difundía cada vez más, y grandes multitudes se congregaban para oír a *Jesús* y ser sanadas de sus enfermedades. Pero *con frecuencia* Él se retiraba a lugares solitarios y oraba» (Lucas 5:15-16).

Jesús estaba presente donde la gente estaba presente.

Él era impresionante. Sus enseñanzas eran interesantes. Su personalidad era irresistible. Sus milagros eran impactantes. Su gracia y trato con la gente eran inigualables. Tenía el poder sobrenatural del Espíritu Santo en todo lo que hacía. Cuando eres y haces eso, y más, naturalmente vas a llamar la atención de las multitudes.

Por eso Lucas nos cuenta que mientras más Jesús compartía con la gente, más se incrementaba su fama. Mientras más pasaba tiempo con las personas, y traía sanidad, motivación, restauración, ánimo, fuerza y la presencia de Dios, más se incrementaba la multitud.

Podríamos decirlo con un lenguaje más actual. Poco a poco la influencia de Jesús fue creciendo orgánicamente, su mensaje comenzaba a hacerse más viral, y el número de seguidores se incrementaba más y más.

¿Y qué hacía Jesús?

¿Incrementar sus viajes? ¿Predicar más seguido? ¿Sanar a más personas? ¿Llamar aún más la atención para seguir creciendo en popularidad? ¿Contratar a un equipo y estratégicamente organizarse para hacer crecer todavía más su ministerio?

No.

Mientras más se incrementaba su popularidad, *más se retiraba* a lugares solitarios para orar.

Lucas dice que lo hacía «con frecuencia». Por definición, la palabra «frecuencia» significa que se repite, que sucede a menudo, que pasa constantemente, que ocurre una tras otra tras otra vez.

NECESITAS DESCONECTARTE DE TUS REDES SOCIALES PARA CONECTARTE CON DIOS

En su libro *From Social Media to Social Ministry* [De las redes sociales al ministerio social], la autora Nona Jones nos dice que hoy en día usamos la palabra «conectar» frecuentemente.[8] Conectamos con otros en redes sociales. Conectamos con otros por mensajes de texto. Conectamos con nuestra iglesia, comunidad, familia y amigos. Jesús nunca tuvo redes sociales, pero aun así usó esta idea de estar conectado.

Él lo dijo de esta forma en el libro de Juan: «Permanezcan en mí y yo permaneceré en ustedes. Así como ninguna rama puede dar fruto por sí misma, sino que tiene que permanecer en la vid, así tampoco ustedes pueden dar fruto si no permanecen en mí» (Juan 15:4, NVI).

Jesús nos invita a permanecer conectados con Él constantemente. Y explica que cuando estamos conectados con Él veremos resultados evidentes en nuestra vida. Jesús usa esta metáfora: «dar fruto». Eso significa dar resultados, ver cambios en ti, crecer y madurar, ver a Dios hacer cosas sobrenaturales en tu vida y a través de ella. No puedes ser un seguidor o aprendiz de Jesús sin estar constantemente conectado con tu Maestro.

Jesús sabía que esto también era necesario para Él y por ello debía permanecer en una relación íntima con Dios, su Padre.

Sabía que, a veces, para poder conectarse con su Padre, necesitaba desconectarse de la multitud, del ruido, de las necesidades y problemas de la gente, de su ministerio y de su trabajo. Y por eso, frecuentemente iba a lugares solitarios.

Me he dado cuenta de que si no aparto tiempo en la mañana, al no más levantarme, para pasar tiempo en secreto con Dios, lo más probable es que no lo haga en el resto del día. No necesariamente porque esté muy ocupado, aunque con frecuencia así me siento, o porque no quiera hacerlo, sino porque cuando intento hacerlo durante el día, con frecuencia enfrento interrupciones y distracciones.

Alguien me enviará un mensaje de texto.

Algo inesperado sucederá.

Pasaré más tiempo de lo planeado en mis quehaceres.

Las redes sociales y mi teléfono volverán a robarme más tiempo de lo que quiero.

Por eso, al levantarme cada mañana, intento poner mis rodillas en el piso antes que mis pies. En mi caso, el mejor tiempo para pasar en secreto con Dios es temprano en la mañana, cuando todavía estoy desconectado de mi trabajo, mis otras relaciones, mi teléfono, las redes sociales y de cualquier otra cosa que me espera en ese día.

Es más, cuando comienzo mi día de esa forma, por alguna razón, eso me ayuda a poder recordar lo mucho que dependo de Dios. Me motiva a encontrar más espacios durante el día, aun si son breves, para tomar unos minutos y platicar con Él. Meditar en su Palabra. Pedir su ayuda. Decirle que lo necesito para lograr hacer aquello que me llamó a hacer ese día. Agradecerle por su amor y gracia para conmigo. Tomar un descanso y simplemente estar en su presencia, en silencio ante Él.

Lo mismo aplica con tus redes sociales. A la hora de usarlas, ¿qué tan seguido te retiras de ellas?

¿Cuándo fue la última vez que intencionalmente decidiste desconectarte de tu teléfono, redes sociales, música o cualquier otra tecnología en tu vida para conectarte con Dios?

ESCOGE UN DÍA COMPLETO PARA DESCONECTARTE

Una de las prácticas que más ha transformado mi vida es tomar lo que la Biblia llama «un día de reposo».

¿Cuándo fue la última vez que te tomaste un día libre completo? Sin trabajo. Sin una lista de cosas que hacer. Solo descanso. ¿Por qué todos aman las vacaciones de semana santa? ¡Libertad para descansar y hacer lo que queramos!

En la Biblia, uno de los Diez Mandamientos es guardar el día de reposo.

El punto es vacación. El punto es descanso. Y es un regalo.

En la actualidad, algunos debaten si es obligación para aquellos que siguen a Jesús cumplir con este mandamiento. Resulta interesante que la lista no se llama «las diez sugerencias». Otros debaten si hay un día en particular que hay que guardar o no. ¿Sábado o domingo? ¿Cualquier otro día?

Pero lo curioso es que este principio no solo aparece en un par de versículos en la Biblia, sino que es un principio que Dios establece desde la creación.

En el primer libro de la Biblia, Génesis, vemos que Dios crea el universo en seis días y el séptimo descansa. Dios crea a Adán y Eva en el sexto día, lo cual significa que el primer día completo de sus vidas fue un día de descanso.

El ritmo de trabajo y descanso está tejido desde la creación del universo.

Piénsalo conmigo un segundo. Adán y Eva no habían hecho nada. No habían trabajado en nada. No se habían ganado nada. No habían ido a la iglesia, leído la Biblia, ayunado, nada. Y aun así reciben el regalo del descanso en la misma presencia de Dios. Eso es gracia. Eso es aceptación. No porque hayamos hecho algo para merecerlo, sino porque Dios es bueno para aceptarnos y ya. A. J. Swoboda dice en su libro *Subversive*

Sabbath [Sábado subversivo]: «No trabajamos para agradar a Dios. Descansamos porque Dios ya está complacido con el trabajo que él ha hecho en nosotros».[9]

Déjame «remixear» esa frase un poco. No trabajamos para que Dios nos acepte. Disfrutamos la libertad de sentir que siempre hay que trabajar porque Dios ya está complacido con nosotros en Cristo.

Apartar un día completo a la semana para obligarme a no trabajar, a no hacer tareas, quehaceres, no hacer nada que «necesito hacer» o que «deba hacer» ha traído libertad a mi vida. Tengo ya más de siete años practicando esto con mi esposa. Todavía no somos expertos; sentimos que tan solo estamos comenzando a aprender cómo hacerlo bien. Pero si Dios lo incluyó en uno de los Diez Mandamientos es porque quizás Él sabe algo que nosotros no sabemos. Quizás Él sabe más que yo sobre los beneficios de tomar un día de reposo.

Así que hace unos años tomé la decisión de aplicar eso con mi uso de las redes sociales.

Un día completo a la semana me niego a usar las redes sociales. Así como Jesús se retiraba de donde la gente estaba intencionalmente para conectarse con su Padre, de manera similar durante un día completo a la semana no uso ninguna red social. Esas son veinticuatro horas apartadas para descansar, invitar al Espíritu Santo a que traiga restauración a mi alma, desconectarme de lo que está pasando allá afuera e invitar a la presencia de Dios para que se conecte conmigo de una forma especial en ese día.

Esto me permite descansar la mente. Me ayuda a encontrar tiempo para leer. Me ayuda a encontrar tiempo para orar. Me ayuda a sacudirme cualquier residuo de adicción a las redes sociales que mi mente y corazón todavía puedan tener.

Me ayuda a pasar tiempo intencional con mi esposa y mi hijo sin usar nuestro teléfono o estar distraído en las redes. Me ayuda a recordar que si no estoy usando las redes, el universo sigue funcionando sin mí, y esto me trae paz. Me ayuda a recordar que las redes sociales son tan solo unas herramientas que puedo usar para los propósitos de Dios. Nada más.

Las redes sociales no me controlan, sino que soy yo quien las controla.

Debido a que yo trabajo en mi iglesia local, tengo ocupados los sábados y domingos, así que mi día de reposo es el viernes. No me verás usando redes sociales los viernes.

¿Cuál podría ser tu día de reposo?

Algunos preguntarán, pero si no estás en las redes sociales y no trabajas un día completo en la semana, ¿qué haces?

Cualquier cosa que sea descanso, devoción a Dios o diversión. Ese es el enfoque en ese día especial de reposo.

Cualquier cosa que me traiga descanso, la hago en ese día.

Cualquier cosa que me permita expresar mi devoción a Dios, la hago en ese día.

Cualquier actividad que disfrute mucho, la hago en ese día.

Ese es sentir del corazón de Dios para tu día de reposo.

Por darte un ejemplo, mi esposa Brooke y yo hemos creado varias tradiciones alrededor de nuestro día de reposo.

Nos levantamos sin alarma. De vez en cuando preparamos panqueques o un desayuno especial. Hacemos una breve oración en familia o a veces leemos un salmo para recordar de qué se trata este día. Tomamos té o café. Salimos a recoger alguna bebida, usualmente Bubble Tea, y manejamos por diversión hacia algún parque para jugar con nuestro hijo Elías. Escuchamos música. Vemos series de televisión y películas. Leemos libros. Nos entretenemos con juegos de mesa. Comemos cualquier cosa que queramos, incluyendo postre, para la gloria de Dios.

Nuestro teléfono está en silencio o en alguna otra parte de la casa. Intentamos usarlo lo más mínimo posible ese día.

A veces ni lavamos platos ni tampoco hacemos ningún quehacer en la casa, a menos que sea divertido o que nos haga sentir más descansados.

Y ahí en ese día de descanso, Jesús restaura nuestras almas.

Dios nos dio como regalo seis días para trabajar y uno para descansar.

Jesús se desconectaba frecuentemente.

Yo quiero ser más como Jesús.

CAPÍTULO 14

SI JESÚS TUVIERA REDES SOCIALES...

«El Espíritu del Señor está sobre Mí [...] Me ha
enviado para proclamar *LIBERTAD* a los cautivos».

—Lucas 4:18

Jesús nunca usó las redes sociales.

Pero si hubieran estado a su disposición, tengo una teoría de cómo las usaría. Imagina conmigo un segundo qué pasaría si en este momento la persona de Jesús de Nazaret creara una cuenta de cada red social que hoy en día se está usando popularmente.

¿Qué plataformas sociales escogería? ¿Qué tantos seguidores recibiría inmediatamente?

¿En qué idioma compartiría sus mensajes? ¿Qué tipo de contenido compartiría? ¿Compartiría fotos o videos personales, o mensajes bíblicos o devocionales o memes cristianos?

¿Usaría frases como: «¡Espera! ¡No deslices!», o «Si estás viendo este video, no creo que sea coincidencia...», o «Si tienes unos cinco minutos, déjame orar por ti en este momento...»?

¿A quién seguiría Jesús?

Todas esas son excelentes preguntas. Y las respuestas puede que sean quizás sí, quizás no, o tal vez. Pero si un verdadero seguidor o discípulo de Jesús no solo es alguien que cree ciertas cosas, sino alguien que *está* con Jesús, *es* como Jesús y *hace* lo que Jesús hace, vale la pena preguntar:

Si Jesús tuviera redes sociales... ¿cómo las usaría Él?

Primero, algunos quizás creen que si Jesús tuviera redes sociales, Él no las usaría. Quizás porque tendría mejores cosas que hacer y no desperdiciaría su tiempo en las distracciones de este mundo.

Yo no estoy de acuerdo con eso. Creo que Jesús sí se conectaría en sus redes sociales, pero lo haría de una forma muy intencional con el objetivo de conectar con la gente. ¿Por qué?

Porque Jesús estaba presente donde había gente.

A lo largo de los Evangelios —los libros de la Biblia que nos cuentan sobre la vida de Jesús—, las palabras que sobresalen a la hora de hablar sobre los viajes de Jesús y lo que hacía en su día a día son:

Y Jesús fue... Después Jesús volvió... Jesús regresó... Después Jesús fue de nuevo...

Mira cómo lo escribe el autor bíblico Mateo:

Jesús recorría todas las ciudades y aldeas, enseñando en las sinagogas de ellos, proclamando el evangelio del reino y sanando
toda enfermedad y toda dolencia. Y viendo las multitudes, tuvo
compasión de ellas, porque estaban angustiadas y abatidas
como ovejas que no tienen pastor. Entonces dijo a Sus discípulos: «La cosecha es mucha, pero los obreros pocos. Por tanto,
pidan al Señor de la cosecha que envíe obreros a Su cosecha»
(Mateo 9:35-38).

Jesús iba de arriba para abajo, de un lugar al otro, recorriendo diferentes
pueblos, aldeas, iglesias y calles.

¿Por qué hacía esto? Porque Él quería estar donde la gente estaba. ¿Será
que su deseo era estar con gente porque Jesús era extrovertido, social,
amigable y le gustaba tratar con las personas? Quizás. Pero Marcos nos
dice que su motivación principal era la *compasión*.

Jesús veía la necesidad de la gente «como ovejas que no tienen pastor».

Es muy posible que no tengas mucha experiencia con ovejas, así que
déjame explicarte esto brevemente. En los tiempos de Jesús, y hoy en día
en contextos rurales, una oveja que no tiene pastor es una oveja perdida,
indefensa, vulnerable y en peligro. Es cuestión de tiempo que una oveja
que no tiene un pastor se convierta en una oveja muerta.

Jesús, el buen pastor, quería estar donde había ovejas perdidas, mostrar-
les compasión y rescatarlas para que fuesen parte de su redil.

Es más, hay un ejemplo en Juan 4 que presenta cómo Jesús, intencionalmente, toma un camino diferente para pasar por un lugar donde había
un grupo de personas conocidas como samaritanos. En este tiempo,
había hostilidad y conflicto entre samaritanos y judíos. Jesús, de forma

intencional, decide pasar por ahí y se encuentra con la mujer en el pozo que era conocida como alguien que practicaba el pecado sexual según la ley judía. ¿Se acuerdan de ella?

Vivimos en un tiempo en que las plataformas sociales, más allá de ser una actividad que la gente realiza, son *lugares* o *espacios* donde la gente está presente. Son los «pueblos, aldeas, ciudades, iglesias, discotecas, bares, centros comerciales» que las personas frecuentan, y están ahí por diferentes razones.

YouTube no es solo un sitio web donde hay videos. Es un lugar donde más de 2,6 mil millones de personas se congregan para socializar, compartir su trabajo, difundir opiniones, dialogar, intercambiar ideas, conocerse.

Jesús quiere estar presente en ese espacio.

Si las redes sociales fueran países, Facebook y YouTube serían los más grandes del mundo. China e India se quedarían atrás.[1] Jesús quiere estar presente en esos espacios.

Por eso creo que si Jesús viviera físicamente en este tiempo, Él estuviese presente en las redes sociales haciendo lo siguiente:

1. Invitando a las personas a seguirle.

Hoy en día muchos invitan a otros para que les sigan en las redes sociales, para que se suscriban a sus canales de YouTube. A veces lo hacen para tener una ganancia personal. Sin embargo, Jesús invitaba a otros a seguirle para que fueran sus aprendices, para que pudieran estar con Él, ser como Él y hacer lo que Él hace. Su enfoque siempre fue amar a Dios y a otros, sacrificarse y transformar el mundo entero. ¿Quién te sigue a ti y por qué? ¿Qué ven los otros a través de tus redes sociales?

2.   Subiendo contenido creativo.

Cuando Jesús compartía sus mensajes y enseñanzas, lo hacía de forma creativa. A la hora de hablar sobre la ansiedad, usaba como ilustración las aves y flores en el campo (Mateo 6:26-28). Cuando hablaba sobre la obediencia, usaba como ilustración a alguien que construye una casa sobre una roca y otro sobre la arena (Mateo 7:24-27). También contaba historias para ilustrar verdades eternas, y esto lo hacía a través de lo que se conoce como parábolas. Jesús era un excelente comunicador creativo. ¿Qué tipo de contenido subes tú?

3.   Comentando y dialogando con otros.

Jesús compartía sus mensajes en público. Diferentes personas con distintas creencias interactuaron con Él; platicaron con Él; le hicieron preguntas, desde el más religioso hasta el más pecador. Jesús interactuó con los fariseos, los cuales eran muy disciplinados en la ley de Moisés; los saduceos, que no creían en la vida después de la muerte ni en la venida del Mesías[2] (Mateo 22:23); la mujer samaritana en el pozo, quien tenía diferentes creencias sobre la Biblia que Jesús y un estilo de vida sexual contrario a la ley judía, y muchos más. Así como Jesús no solo compartió con los judíos, creo que Él interactuaría con personas de hoy en día con diferentes ideologías y perspectivas. ¿De qué forma interactúas con otros en tus redes?

4.   Compartiendo sus mensajes y enseñanzas.

Jesús no solo enseñaba en las sinagogas, que eran espacios donde la gente se reunía para escuchar la lectura de la Biblia (Mateo 4:23), sino también se montaba en un barco o se sentaba en la cima de una montaña. En otras palabras, no solo estaba dentro de una iglesia. Dondequiera que Él iba, aprovechaba cualquier momento y espacio para compartir su mensaje. Creo que Jesús ocuparía los espacios digitales de las redes para difundir sus pensamientos, mensajes y enseñanzas sobre el Reino de Dios. ¿Qué ideas, pensamientos o mensajes compartes tú?

5. Causando polémicas por su amor radical hacia los que más le necesitan.

Los religiosos en el tiempo de Jesús murmuraban frecuentemente que pasaba tiempo y compartía demasiado con pecadores. Él compartía con personas que el mundo religioso despreciaba o tenía en menos. Esto causaba controversias. Su amor hacia las ovejas perdidas era mayor que su temor a causar una polémica o controversia. ¿De qué forma compartes el amor de Dios hacia otros en tus redes?

6. Confundiendo a algunos, animando a otros y ofendiendo a religiosos.

Pienso en aquel momento en que se le acercó una mujer a Jesús y le vertió perfume sobre sus pies mientras los secaba con su cabello (Lucas 7:36-50). Sus propios discípulos se enojaron, se quejaron y la criticaron. Me imagino que los discípulos se habrán confundido en ese momento y también se habrán asustado pensando que alguien fácilmente podría malinterpretar esa situación. Jesús aprovecha el momento para honrarla, y usarla como ejemplo de bondad, adoración y devoción. Algunos se confundieron. Otros fueron animados. Los religiosos se sintieron ofendidos. Y la mujer en esta historia fue honrada, perdonada y transformada. ¿La manera en que interactúas con otros en tus redes honra, ayuda, anima y bendice a otros?

7. Atrayendo a muchos y perdiendo seguidores.

No todo lo que Jesús dijo atraía multitudes. En numerosas ocasiones, cuando enseñaba algo controversial o difícil, muchos dejaban de seguirle (Juan 6:66). Jesús tampoco sanó a todos. No complació a todos. Alguna vez le hicieron preguntas que no respondió. En otras ocasiones, cuando se le pidió que hiciera más milagros, no siempre los hizo. Aun así, cuando fue a la cruz, Él dijo: «Padre, he hecho todo lo que me enviaste a hacer». Fue obediente a lo que Dios lo había llamado a hacer, no a quedar bien con todos. Me imagino que lo mismo haría Jesús en las redes sociales. Quedaría mal con algunos, y muchos dejarían de seguirle. ¿Buscas más la aprobación de otros o la de Dios a la hora de usar tus redes sociales?

Por estas razones y más, hasta el punto que te sea posible, al ver lo que Jesús hizo, creo que tú deberías hacer lo mismo.

Vale la pena aclarar que hay casos en los que esto no aplica.

Considero firmemente que, en el caso de algunos, lo mejor que pueden hacer es borrar todas sus aplicaciones de redes sociales en su teléfono. El motivo puede que sea alguna adicción demasiado fuerte, por el daño que las redes sociales le han hecho a su salud mental o por cualquier otra razón.

Por lo tanto, adelante.

Yo seré el primero en apoyar esa decisión.

En el caso de otros, quizás lo que nos hace falta es desconectarnos más frecuentemente, así como lo hizo Jesús. Para conectarnos más con nuestro Padre en oración. Para darles un descanso a nuestra mente y alma. Para eliminar distracciones a nuestro alrededor. Para estar más presentes con aquellos en nuestro entorno.

Pero, independientemente, así como Jesús, no necesitas ser un consumidor pasivo de tus redes sociales, sino *un misionero activo* al usarlas de manera intencional.

Es más, en el libro de Mateo, Jesús ofrece no una «gran sugerencia», sino una «gran comisión»: «Acercándose Jesús, les dijo: "Toda autoridad me ha sido dada en el cielo y en la tierra. Vayan, pues, y hagan discípulos de todas las naciones, bautizándolos en el nombre del Padre y del Hijo y del Espíritu Santo, enseñándoles a guardar todo lo que les he mandado; y ¡recuerden! Yo estoy con ustedes todos los días, hasta el fin del mundo"» (Mateo 28:18-20).

Es un gran mandamiento: vayan a hacer discípulos, vayan a hacer seguidores de Jesús.

Hemos aprendido a lo largo de este libro que un verdadero seguidor o aprendiz de Jesús *está* con Él, *es* como Él y *hace* lo que Él hace.

Jesús hizo discípulos. Él buscó, amó, sirvió a aquellos que aceptaron la invitación de seguirle. En este momento, Él te dice con toda autoridad: ahora te toca a ti. Te envío para que vayas como mi embajador, mi representante, una extensión de quien yo soy como mi aprendiz.

Lo que aprendiste de mí, ahora hazlo tú.

Lo que yo hice, ahora hazlo tú.

La forma en que yo viví, amé y serví, ahora imítala tú.

Lo que yo enseñé, ahora enséñalo tú.

¿A quién?

A todas las naciones.

Jesús no estaba bromeando. Antes de que existiera la tecnología que conectara al mundo entero a través del internet, las redes sociales, el metaverso, la inteligencia artificial, y la capacidad de tener acceso a toda la información y conexión con el mundo entero, Jesús dijo hace más de dos mil años: «Vayan a todas las naciones».

Me encanta esa idea, ya que si las redes sociales son espacios en los que se congregan todas las naciones, hoy vivimos en un tiempo único en el cual puedes hacer exactamente lo que Jesús dijo. Alcanzar a las naciones, a millones de millones de personas, desde tu misma casa o dondequiera que te encuentres. Ahí mismo, a través de tu teléfono o de cualquier otro dispositivo, sin importar dónde estés, puedes hacer lo que Jesús te envía a hacer.

VIVIMOS EN UN TIEMPO ÚNICO EN LA HISTORIA

Se cree que a lo largo de la historia ha habido cuatro grandes revoluciones de la comunicación.

La primera fue el lenguaje.

La segunda, la escritura.

La tercera, la imprenta.

Y la cuarta, lo digital.[3]

Y hoy vivimos en un tiempo cuando la influencia más formativa de nuestra cultura toma lugar en lo digital. Videos. Fotos. Contenido en las redes sociales.

El autor James Emery White plantea en su libro *Meet Generation Z* [Conozca a la generación Z] que el niño promedio con edades entre cuatro y once ya tiene algún videojuego, alguna tableta, teléfono o pantalla donde está consumiendo contenido audiovisual. El joven promedio pasa aproximadamente nueve horas cada día consumiendo contenido audiovisual.[4]

Nueve horas. Cada día.

Esas son 3285 horas cada año siendo *formados* más para ser como Jesús o *deformados* del carácter y la vida de Jesús.

Fred Felder, un estudioso sobre los medios de comunicación, dijo en cierta ocasión: «Los *medios audiovisuales* hoy en día constituyen el sistema de educación más poderoso y mayor conocido en la historia».[5] Por otra parte, Bob Pittman, el fundador de MTV, apuntó: «Nosotros no creamos contenido para los jóvenes de 14 años, nosotros somos dueños de los jóvenes de 14 años».[6]

Cuando veo todo esto, lo que escucho en mi interior como alguien que ha sido llamado por Jesús para contarles a otros sobre Él es:

Esta es una *oportunidad* para el reino de Dios.

El autor Andy Crouch escribe en su libro *Culture Making* [Creando cultura] que el seguidor de Jesús hoy en día tiene varias opciones a la hora de interactuar con su cultura:[7]

• Consumir cultura.

Estos son los que se conforman pasivamente con ser una persona más que tiene redes sociales y usa las tecnologías de hoy para su conveniencia sin pensarlo mucho. Ellos escuchan la música que todos escuchan. Ven las series y películas que todos ven. Participan pasivamente de las tendencias que vienen y van. Puede que tengan ciertos gustos o que se limiten a escuchar o consumir cierto tipo de contenido, y eso está bien, pero siguen siendo solamente consumidores pasivos.

• Criticar cultura.

Estos son los que siempre tienen una opinión de lo que está pasando en el entorno cultural. Aplauden desde un lado lo que les gusta y critican desde otro lado lo que no. Estas personas saben que hay mucho en nuestra cultura que está mal, así que se asegurarán de que todos lo sepan. A ellos les encanta ofrecer «críticas constructivas», a pesar de que nunca han construido nada.

• Copiar cultura.

En este caso están aquellos que ven lo que otros líderes, artistas, emprendedores y creadores que quizás no conocen a Jesús están haciendo, y hacen lo mismo, pero en una versión «cristiana». Esto no significa que no existe un lugar para redimir el uso de un cierto género musical o una nueva tecnología. Pero el problema con el hecho de solamente copiar lo que otros están haciendo y hacer una versión «cristiana» es que siempre estarás un poco atrasado. Si los seguidores de Jesús aman y sirven al ser más creativo del universo y de todo lo que existe, ¿por qué no serían ellos los que estén innovando más, creando más y siendo líderes a la hora de crear arte, negocios, tecnología, medicina y cualquier otra actividad nueva?

• Crear cultura.

Aquí se encuentran los que no quieren ser consumidores pasivos de contenido, ya sea música, series de televisión, películas, arte, cocina, arquitectura, negocios, leyes, redes sociales. Ellos quieren crear el futuro. Por eso, estos crean su propia música, series de televisión, películas, arte, cocina, arquitectura, negocios, leyes y redes sociales.

Ellos no quieren copiar o criticar lo que otros están haciendo. Quieren hacer lo que otros están haciendo, pero mejor. Trabajan con excelencia. Experimentan con su creatividad. Buscan innovar. Operan con integridad. Buscan ejemplificar belleza en todo lo que hacen. Apuntan a otros hacia Jesús. Son un reflejo de la gloria, majestad y belleza de Dios. Traen bendición y no maldición a nuestra generación.

Toma en cuenta que esto no solo aplica para creadores de contenido en las redes sociales. También aplica para estudiantes en la escuela o en la universidad. Aplica para hombres y mujeres de negocios. Aplica para futuros líderes políticos, presidentes, abogados, doctores, artistas, actores, emprendedores, ingenieros, obreros, padres y madres de familia, y más. Estos son hombres y mujeres, aprendices de Jesús, que con el poder del Espíritu Santo transformarán sus espacios de influencia de formas nuevas y creativas. Transformarán a sus familias, su vecindario, su sociedad, sus universidades, su ciudad, su gobierno, su país, al mundo entero.

Yo quiero ser de los que escogen esta cuarta opción.

Aquellos que se propongan crear cultura serán los que la transformarán.

Tengo la convicción de que aquellos que le pertenecen a Jesús son los que más estratégicos e intencionales deberían ser a la hora de hacer lo que sea que hagan. A la hora de usar las redes sociales y cualquier tecnología a nuestra disposición para influenciar abundantemente. Alcanzar a más gente. Apuntar a otros hacia Jesús.

Vale la pena aclarar que hacer esto no es fácil.

La tecnología y las redes sociales en especial van cambiando todo el tiempo. Por ejemplo, a la radio le tomó treinta y ocho años alcanzar a cincuenta millones de consumidores.[8] A la televisión le tomó trece años alcanzar a esa misma cantidad.[9] A Instagram le tomó un año y medio.[10] A TikTok le tomó nueve meses alcanzar a cien millones de usuarios. A ChatGPT le tomó dos meses alcanzar a esa misma cantidad.[11] Y hoy en día, en plataformas como TikTok y YouTube tenemos *influencers* que alcanzan niveles similares en vistas en tan solo días.

Por eso es necesario estar al tanto, estar alerta ante estos cambios para saber cuáles son las nuevas estrategias en la actualidad.

Si sigues a Jesús, no tienes excusa para no crear cultura e ir a «todas las naciones».

Jesús dijo que oráramos para que enviara a más gente. Te está llamando a ti a hacer eso mismo. En cierta ocasión, Charles Spurgeon señaló que todo aprendiz de Jesús es un misionero o es un impostor. Un misionero es alguien que ha sido enviado con una misión. Y si la idea de que eres un misionero te pone un poco nervioso o te hace sentir un poco inseguro de tu propia capacidad, ánimo, no eres el único. Es más, la tarea que Jesús nos dio es demasiado para ti y para mí.

Piénsalo, si la meta es compartirles a otros en *todo* el mundo sobre un carpintero que vivió hace más de dos mil años, que dijo ser Dios, que murió y resucitó para transformar el mundo y vencer el mal, es imposible lograrlo con nuestra propia capacidad.

Si el objetivo es crear el futuro que tu Maestro te ha llamado a crear, y compartir a Jesús en cada rincón del mundo, cada idioma, cada cultura y cada color, no creo que tengas el talento suficiente, la inteligencia suficiente, la capacidad suficiente para poder lograrlo con tus propias fuerzas.

La realidad es que con tus propias fuerzas no puedes lograr nada. Respira profundo.

La buena noticia es que cuando Jesús te envía, Él dice que estará contigo a través de la misma presencia de su Espíritu Santo.

«Pero recibirán *poder* cuando el Espíritu Santo venga sobre ustedes; y serán Mis testigos en Jerusalén, en toda Judea y Samaria, y hasta los confines de la tierra» (Hechos 1:8, énfasis añadido).

Recibirás poder.

El autor J. D. Greear en su libro *Jesus Continued*[12] [Jesús continúa] presenta un ejercicio que quiero que hagas conmigo en este momento. Si estás dispuesto a tomarte en serio el llamado de Jesús a obedecer su gran misión, vuelve a leer este versículo en voz alta, pero escribe tu nombre en cada sección para recordarte lo que pasará en tu vida cuando el Espíritu Santo venga sobre ti.

«Pero [tu nombre] recibirá *poder* cuando el Espíritu Santo venga sobre [tu nombre]; y será Mi testigo en Jerusalén, en toda Judea y Samaria, y *hasta los confines de la tierra*» (énfasis añadido).

Si tú eres un seguidor de Jesús, esas son las palabras de tu Maestro hablándote.

Tienes una misión.

Tu vida ya tiene un propósito claro. Jesús te ofrece su mismo Espíritu Santo. Sin su Espíritu Santo, no podrás obedecer este mandamiento, pero con su Espíritu Santo es imposible que no lo logres. Jesús te da su autoridad y poder para alcanzar al mundo entero. Y el mundo entero hoy está conectado por medio del internet en general y las redes sociales en particular.

Ningún otro grupo de seguidores de Jesús en la historia ha tenido esta oportunidad. No la desperdicies.

Te espera tu familia. Te espera tu vecindario. Te espera tu ciudad. Te espera tu país. Te esperan las naciones.

Verás lo imposible. Verás milagros. Verás corazones transformados. Verás el poder de Dios actuando y trabajando en tu vida. Verás rodillas dobladas ante el nombre de Jesús. Verás leyes cambiadas. Verás legados transformados. Verás personas sanadas. Verás generaciones experimentar libertad. Verás lo que nunca se ha visto.

No esperes más. Avanza en el nombre de Jesús.

Sueña. Toma riesgos. Sé valiente.

Da un paso de fe.

Nos vemos en el campo de batalla.

¿AHORA QUÉ HAGO?

Y O SÉ QUE POCOS VALIENTES SE ATREVERÁN A HACER ESTO, PERO AUN así te voy a desafiar a memorizar todo el salmo 23. Una vez que lo tengas memorizado, puedes repetirlo en tu mente cuando quieras para recordarle a tu corazón que tienes un buen Pastor en medio de cualquier desafío, problema o circunstancia.

No sé tú, pero en mi caso se me hace fácil saturar mi vida con distracciones. Paso la gran mayoría del día automáticamente usando mi teléfono, consumiendo contenido en las redes sociales, escuchando música, etc. Por eso te sugiero que, a diario, encuentres un tiempo de manera intencional en el que dejes a un lado tu teléfono, apagues tu música, elimines cualquier distracción y simplemente estés en silencio en la presencia de Dios. Entonces, en ese silencio, platica con Dios. Agradécele a Dios. Escucha el susurro de Dios. Descansa en la presencia de Dios.

Intenta tomarte un día completo a la semana para desconectarte totalmente de las redes sociales y de cualquier otra cosa en tu vida que consideres apropiado dejar por veinticuatro horas. Dedica ese tiempo a descansar, a estar presente con la familia y amigos, a compartir de manera intencional con Dios, a hacer lo que más

te gusta y disfrutar de un día completo de descanso como regalo de Dios para tu alma.

Haz esta oración: *Jesús, gracias porque tú eres mi buen Pastor y mi vida está bajo el cuidado de alguien más. Cualquiera que sea mi lucha, hoy la rindo a ti. Gracias porque tu Palabra es mi arma principal en contra de aquello falso, tóxico y destructivo que quiera invadir mi mente y mi corazón. Contigo ya tengo la victoria. Dame sabiduría para encontrar ritmos saludables de conexión y desconexión a las redes con el fin de cuidar mi salud mental, pero, sobre todo, para crecer en intimidad contigo. Usa mi vida de formas creativas, incluyendo ese tiempo en que estoy en mis redes sociales, para que otros puedan conocerte. Amén.*

CONCLUSIÓN

POLVO, SANDALIAS Y SEGUIDORES

En los tiempos de la Biblia la gente usaba sandalias.

Las calles estaban cubiertas de polvo. Para moverte de un lado al otro, había que caminar largas distancias, incluso en climas calurosos.

Por eso en la tradición judía, a la hora de hablar de ser un discípulo, seguidor o aprendiz, se hacía referencia a estar cubierto con el *polvo* de los pies de tu maestro. Se usaba esta expresión para ilustrar la importancia de escuchar, aprender y obedecer al seguir a tu maestro.[1]

Quizás esto te suene un poco extraño, inusual o hasta antihigiénico. Pero en los tiempos de la Biblia era algo que literalmente ocurría. Cuando seguías a tu maestro y caminabas siempre con él, era inevitable estar constantemente cubierto con el polvo de sus pies.[2]

¿Te imaginas estar cubierto con el polvo de los pies de Jesús?

Ese polvo no es como cualquier otro. Con este polvo viene un poder sobrenatural. Creatividad gloriosa. Sabiduría divina. Unción celestial. Sanidad milagrosa. Seguridad eterna. Consuelo gentil y humilde. Amistad fiel. Paz que sobrepasa todo entendimiento. Verdad saturada de amor y gracia. Autoridad del mismo Creador del universo. Influencia con un espíritu de servicio. Triunfo que vence toda injusticia, mal, demonios y oscuridad espiritual.

Con este polvo viene *libertad*.

Seguir a Jesús y experimentar esa libertad no es algo que ocurre en un instante. Es un proceso. Es una jornada. Es aprendizaje, práctica y entrenamiento.

El aprender a estar con Jesús, ser como Jesús y hacer lo que Jesús hace te tomará tiempo. El desenredarte de aquello que hoy te tiene atado será un proceso. El vivir la vida libre y abundante que Jesús te ofrece requerirá práctica.

Espero que este libro y los temas que aquí tocamos hayan sido tan solo un pequeño fósforo encendido en tu corazón, el cual provoque un incendio en tu alma que arde por amor a Jesús. Un amor que permanece más fuerte que cualquier otra influencia en tu vida. Así que mientras aprendemos a seguir a Jesús juntos, un paso a la vez, quiero recordarte lo siguiente:

Solamente mantente cerca de tu Maestro.

Algunos creen que, con el tiempo, esa expresión sobre estar cubierto del polvo de su maestro se convirtió en una bendición que se daban entre la comunidad judía,[3] así que déjame concluir el libro de esta forma. Mientras sigas a Jesús y continúes descubriendo la vida libre que Él tiene para ti, mi oración para tu vida hoy es la siguiente:

Que tu caminar sea siempre cerca de la presencia de tu Maestro.

Que tu día a día sea lleno de la alegría y la paz de tu Maestro.

Que tu carácter continúe siendo conformado al de tu Maestro.

Que tu mente sea llena de los pensamientos, la sabiduría y las palabras de tu Maestro.

Que tu corazón siga siendo sensible y obediente al cuidado de tu Maestro.

Que tu pensar, hablar, planear, soñar, entrar, salir, crear, trabajar, arriesgar, llorar, sufrir, perseverar, vencer, amar y servir sean más y más como los de tu Maestro.

Que tu vida siempre esté cubierta con el polvo de tu Maestro.

AGRADECIMIENTOS

Gracias, Jesús, por invitarme a seguirte y estar contigo desde ahora y hasta la eternidad.

Gracias a mi esposa Brooke por acompañarme, apoyarme y animarme en cada proyecto. Eres sabia, inteligente, hermosa, mi mejor amiga y mi mayor bendición.

Gracias a mi papá y a mi mamá. Desde niño siempre me enseñaron a soñar atrevidamente los sueños de Dios para mi vida. Y años después, en esta ocasión, me dieron de su tiempo generosamente al brindarme su opinión, sugerencias, ideas y ayuda al preparar el contenido de este libro.

Gracias a la familia del Proyecto GTG (Glory to God). Ustedes saben quiénes son. Cuando comencé a crear videos en YouTube, nunca me imaginé lo que Dios nos permitiría experimentar juntos. Gracias por su cariño y apoyo a través de cada *like*, cada comentario, cada video compartido, cada asistencia a algún evento en vivo o virtual, cada canción escuchada, cada mensaje de ánimo, y por las muchas otras formas en que Dios los ha usado a ustedes para ser de bendición a mi vida. Los quiero y aprecio. Sigamos soñando para la gloria de Dios. Todavía falta mucho por hacer.

Gracias a mis pastores y compañeros de trabajo en mi iglesia Lakepointe Church. Es un privilegio servir a la iglesia local juntos, y estar rodeado de hombres y mujeres que me enseñan a seguir y amar a Jesús cada día más.

Gracias a mis amigos creativos, también saben quiénes son, que me dieron su opinión, sugerencias y ánimo a la hora de trabajar en este libro. Los aprecio muchísimo. Ustedes me inspiran a ser un mejor creativo.

Gracias a Cris Garrido y al equipo de HarperCollins por la inspiración, la motivación, y la oportunidad de colaborar y hacer posible este libro.

Gracias a Lluvia Agustín y su equipo de The Agustin Agency por darme su apoyo, sugerencias, recomendaciones y dirección a través de este proceso.

NOTAS

INTRODUCCIÓN. *YouTuber* «cristiano»

1. Hudson Rennie, «What You Should Be Doing First Thing in the Morning», Medium, 31 octubre 2021, https://medium.com/in-fitness-and-in-health/what-you-should-be-doing-first-thing-in-the-morning-f52d6630d3e2.

CAPÍTULO 1. Las redes sociales te están influyendo más de lo que piensas

1. Jon Tyson, *Beautiful Resistance*, primera edición (Colorado Springs, CO: Multnomah, 2020), p. 5.
2. «10 Negative Effects of Porn on Your Brain, Body, Relationships, and Society», Fight The New Drug, https://fightthenewdrug.org/10-reasons-why-porn-is-unhealthy-for-consumers-and-society/.
3. «Average Daily Time Spent on Social Media (Latest 2023 Data)», https://www.broadbandsearch.net/blog/average-daily-time-on-social-media#post-navigation-2.
4. David Kinnaman y Mark Matlock, *Faith For Exiles* (Grand Rapids, MI: Baker Books, 2019), p. 26.
5. Mary Oliver, *Upstream: Selected Essays* (Nueva York: Penguin 2016), p. 8.
6. «Enredar», The Free Dictionary, https://es.thefreedictionary.com/enredar.
7. Thomas Michael, «Is Technology Suffocating Your Relationships? Here's What to Do About It», Thrive Global, 13 mayo 2019, https://community.thriveglobal.com/is-technology-suffocating-your-relationships-heres-what-to-do-about-it/.
8. Matic Broz, «30+ Selfie statistics, demographics, & fun facts (2023)», 20 abril 2023, https://phototutorial.com/selfie-statistics/.
9. Sheridan Voysey, «The Polls Say We're a Generation Looking for Fame. Here's Where That Will Lead Us», 18 febrero 2020, https://sheridanvoysey.com/the-polls-say-were-a-generation-looking-for-fame-thats-a-problem/.
10. Scott Langdon, «Gen Z and the Rise of Influencer Culture», Highervisibility, 19 agosto 2023, https://www.highervisibility.com/ppc/learn/gen-z-and-the-rise-of-influencer-culture/.

Gianna Melillo, «1 in 4 Gen Z-ers Plan to Become Social Media Influencers», 24 agosto 2022, https://thehill.com/changing-america/enrichment/arts-culture/3614182-1-in-4-gen-z-ers-plan-to-become-social-media-influencers/.

11. «Facts & Statistics», Anxiety and Depression Association of America (ADAA), https://adaa.org/understanding-anxiety/facts-statistics.

12. Chloe Garnham, «The Gen Z Mental Health Wave — What Is Causing the Surge?», Health Match, 2 septiembre 2022, https://healthmatch.io/blog/the-gen-z-mental-health-wave-what-is-causing-the-surge#:~:text=90%25%20of%20Gen%20Z%20experienced,significant%20problems%20among%20their%20peers.

13. Imed Bouchrika, «Teenage Cyberbullying Statistics for 2024: Prevalence & Impact of Social Media», Research.com, https://research.com/education/teenage-cyberbullying-statistics.

14. Esta frase fue inspirada por un sermón que compartió el doctor Martin Luther King Jr. en Temple Israel of Hollywood, en 1965, donde contrasta la tecnología y la teología. El mensaje completo lo puedes encontrar en: https://www.americanrhetoric.com/speeches/mlktempleisraelhollywood.htm.

15. David Wright, «How Long Were the Israelites in Egypt?», Answers, 5 julio 2010, https://answersingenesis.org/bible-questions/how-long-were-the-israelites-in-egypt/.

16. «Bible Timeline», Got Questions, https://www.gotquestions.org/Bible-timeline.html.

CAPÍTULO 2. ¿Cuál es tu excusa para no seguir a Jesús?

1. Paige Leskin, «Survey: American Kids Now Dream of Being YouTube Stars More Than Astronauts», Bussiness Insider, https://www.businessinsider.com/american-kids-youtube-star-astronauts-survey-2019-7.

2. M. Gracin y E. Budiselić, «Discipleship in The Context of Judaism in Jesus' Time», p. 212, https://hrcak.srce.hr/file/333538#:~:text=Three%20stages%20of%20education%20within,Bet%20Talmud%2C%20and%20Bet%20Midrash.

3. John Mark Comer, *Practicing the Way* (Estados Unidos: WaterBrook, 2024), pp. 8-9 [*Practica el camino* (Origen, 2024)].

4. Dallas Willard, *The Divine Conspiracy,* primera edición (Estados Unidos: Harper Collins, 1998), p. 282 [*La divina conspiración* (Editorial Peniel, 2013)].

5. Ibíd., p. 283.
   El autor John Mark Comer también hace un excelente trabajo de elaborar sobre las ideas de Dallas Willard con respecto a lo que significa ser un discípulo de Jesús. A pesar de que el concepto original viene de Willard, Comer lo describe de forma más clara y organizada usando estas tres descripciones (estar con Jesús, ser como Jesús y hacer lo que Jesús hace) y

presentándolas en su libro *Practicing the Way*. John Mark Comer, *Practicing the Way* (Estados Unidos: WaterBrook, 2024), pp. 8-9 [*Practica el camino* (Origen, 2024)].

6. Esa lista de personajes bíblicos fue inspirada por el devocional de Rick Warren que aparece en: https://www.bible.com/reading-plans/135-rick-warrens-daily-devotional/day/357.

7. Mark Batterson, *Susurro,* edición en español (Florida: Editorial Nivel Uno, 2017), p. 162.

CAPÍTULO 3. Ten cuidado con cualquier versión barata y falsa de Jesús

1. Andrew Sullivan, «I Used to Be a Human Being», Intelligencer, https://nymag.com/intelligencer/2016/09/andrew-sullivan-my-distraction-sickness-and-yours.html.

2. Dallas Willard, *The Divine Conspiracy,* primera edición (Estados Unidos: Harper Collins, 1998), p. 283 [*La divina conspiración* (Editorial Peniel, 2013)].

3. Jane Grismer, «Michaelangelo Chipped Away Everything That Wasn't David», Medium, 16 diciembre 2022, https://medium.com/flourish-inc/michaelangelo-chipped-away-everything-that-wasnt-david-warning-nudity-cc6e429e696.

4. Willard, *The Divine...,* p. 282.

5. Dallas Willard, *The Great Omission,* primera edición (Estados Unidos: Harper Collins, 2006), p. 3 [*La gran omisión* (Miami, FL: Editorial Vida, 2008)].

CAPÍTULO 4. Tus sentimientos son reales, pero ¿serán confiables?

1. Ed Catmull, *Creativity Inc,* primera edición (Estados Unidos: Random House, 2014), p. 66 [*Creatividad S. A.* (Buenos Aires: Conecta 2015)].

2. Rayleen Silva, «Every Pixar Movie That Follows The "What If X Had Feelings" Formula», Screen Rant, 21 diciembre 2022, https://screenrant.com/every-pixar-movie-what-if-had-feelings-formula/.

3. Wikipedia, «Pixar», https://en.wikipedia.org/wiki/Pixar#:~:text=As%20of%20July%202019%2C%20its,grossing%20films%20of%20all%20time.

4. Natasha Crain, *Faithfully Different* (Oregon: Harvest House Publishers, 2022), p. 64.

5. María Marco Carrillo, «25 frases de emprendedores famosos sobre la pasión», *Cinco Días,* 30 abril 2015, https://cincodias.elpais.com/cincodias/2015/04/30/emprendedores/1430382232_832227.html.

6. Julianne Ishler, «There May Be a Deeper Meaning Behind Selena Gomez's New Music Video», Medium, 10 junio 2016, https://medium.com/@julianneishler/there-may-be-a-deeper-meaning-behind-selena-gomezs-new-music-video-e8ec3cb7f289.

7. Peter Economy, «17 of the Most Inspirational Quotes from Beyoncé: Business Genius & Music Superstar», Inc., 4 junio 2019, https://www.inc.com/peter-economy/17-of-most-inspirational-quotes-from-beyonce-business-genius-music-superstar.html.

8. Isabella Gomez, «Bad Bunny Shows Us His Version Of Old-School», NPR, 2 marzo, 2020, https://www.npr.org/2020/03/02/811180499/bad-bunny-review-yhlqmdlg-yo-hago-lo-que-me-da-la-gana-la-dificil.

9. Amanda Garrity, «40 Disney Quotes That'll Inspire You to Live a More Magical Life», Good Housekeeping, 4 abril 2019, https://www.goodhousekeeping.com/life/a27032644/disney-quotes/.

10. Tim Keller, *Preaching: Communicating Faith in an Age of Skepticism,* (Estados Unidos: Viking, 2015), pp. 135-136 [*La predicación: Compartir la fe en tiempos de escepticismo* (B&H Español, 2017)].

CAPÍTULO 5. No sigas tu corazón

1. Greg Lukianoff y Jonathan Haidt, *The Coddling of the American Mind* (Londres: Penguin Books, 2018), p. 4 [*La transformación de la mente moderna* (Barcelona: Deusto, 2019)].

CAPÍTULO 6. Jesús, las iglesias y la bandera del arcoíris

1. Jon Tyson, The Controversial Jesus | Sexual Formation, https://youtu.be/vTGrYxeEZ9U.

   Siendo pastor de una iglesia en Nueva York, Tyson hace un excelente trabajo en sus mensajes al analizar la cultura popular y presentar cómo la visión de Jesús es mejor que una visión históricamente religiosa o secular.

2. Jeff Diamant, «Half of U.S. Christians Say Casual Sex Between Consenting Adults is Sometimes or Always Acceptable», Pew Research Center, 31 agosto 2020, https://www.pewresearch.org/short-reads/2020/08/31/half-of-u-s-christians-say-casual-sex-between-consenting-adults-is-sometimes-or-always-acceptable/.

3. «Pornography Statistics», CovenantEyes, https://www.covenanteyes.com/pornstats/.

4. «Is the divorce rate among Christians truly the same as among non-Christians?», Got Questions, https://www.gotquestions.org/Christian-divorce-rate.html.

5. Aaron Earls, «7 in 10 Women Who Have Had an Abortion Identify as a Christian», Lifeway Research, 3 diciembre 2021, https://research.lifeway.com/2021/12/03/7-in-10-women-who-have-had-an-abortion-identify-as-a-christian/.

6. Mary Eberstadt, *Adam and Eve after the Pill* (Estados Unidos: Ignatius Press, 2012), p. 24 [*Adán y Eva después de la píldora* (Madrid: Ediciones Cristiandad, 2014)].

7. John Mark Comer, *Live no Lies,* primera edición (Colorado Springs: WaterBrook, 2021), p. 30 [*Vivir sin mentiras* (Barcelona: Origen, 2022)].

8. Sarah Vanbuskirk, «What Is the Impact of Casual Sex on Mental Health?», Verywell Mind, 5 diciembre 2022, https://www.verywellmind.com/what-is-the-impact-of-casual-sex-on-mental-health-5179455.

9. Louise Perry, *The Case Against the Sexual Revolution* (Cambridge, UK: Polity, 2022), p. 82 [*Contra la revolución sexual* (Madrid: La Esfera de los Libros, 2023)].

10. Theresa E. DiDonato, Ph. D., «Are Couples That Live Together Before Marriage More Likely to Divorce?», Psychology Today, 27 enero 2021, https://www.psychologytoday.com/us/blog/meet-catch-and-keep/202101/are-couples-that-live-together-before-marriage-more-likely-to.

11. «Lesbian, Gay, and Bisexual People Say They Experience a Lower Quality of Life», Office for National Statistics, 5 julio 2017, https://www.ons.gov.uk/peoplepopulationandcommunity/culturalidentity/sexuality/articles/lesbiangayandbisexualpeoplesaytheyexperiencealowerqualityoflife/2017-07-05.

12. «Mental Health Challenges of Lesbian, Gay, Bisexual and Transgender People: An Integrated Literature Review», National Center for Biotechnology Information, https://www.ncbi.nlm.nih.gov/pmc/articles/PMC7876969/.

13. Jeffrey M. Jones, «What Percentage of Americans Are LGBT?», Gallup, 3 marzo, 2022, https://news.gallup.com/poll/332522/percentage-americans-lgbt.aspx.

14. «Sexually Transmitted Diseases (STDs)», CDC, https://www.cdc.gov/msmhealth/STD.htm.

15. Rina Torchinsky, «Nearly half of LGBTQ youth seriously considered suicide, survey finds», NPR, 5 mayo 2022, https://www.npr.org/2022/05/05/1096920693/lgbtq-youth-thoughts-of-suicide-trevor-project-survey.

16. Ryan T. Anderson, *When Harry Became Sally,* primera edición (Nueva York: Encounter Book, 2018), pp. 73 y 103.

17. Brooke Sopelsa y Noel Gutierrez-Morfin, «15 Best Countries for LGBTQ+ Expats», NBCNews, 13 noviembre 2016, https://www.nbcnews.com/feature/nbc-out/15-best-countries-lgbtq-expats-n683201.

18. Rachel Savage, «Suicides Fall with Gay Marriage in Sweden, Denmark as Stigma Fades», Reuters, 13 noviembre 2019, https://www.reuters.com/article/us-nordics-lgbt-health-trfn/suicides-fall-with-gay-marriage-in-sweden-denmark-as-stigma-fades-idUSKBN1XO010.

Christopher Yuan, *Holy Sexuality and the Gospel* (Colorado Springs: Multnomah, 2018), p. 157 [*Sexualidad santa y el evangelio* (Texas: Editorial Mundo Hispano, 2020)].

19. Cristine Emba, «Consent is not enough. We need a new sexual ethic», *The Washington Post*, 17 marzo 2022, https://www.washingtonpost.com/opinions/2022/03/17/sex-ethics-rethinking-consent-culture/.

20. David French, «Consent was never enough», *The Atlantic*, 4 abril 2022, https://newsletters.theatlantic.com/the-third-rail/624b278a6c9086002052fdd2/sexual-consent-culture-christine-emba/.

21. Michal Leibowitz, «Dating is broken. Going retro could fix it», *The New York Times*, 29 septiembre 2022, https://www.nytimes.com/2022/09/29/opinion/dating-courtship-relationships.html.

CAPÍTULO 7. Lo que Jesús *realmente* enseña sobre tu sexualidad

1. Tim Keller, *The Meaning of Marriage,* primera edición (Nueva York: Riverhead Books, 2011), p. 257 [*El significado del matrimonio* (Nashville, TN: B&H Español, 2017)].

2. C. S. Lewis, citado en Ibíd., p. 259.

3. Escuché ese concepto por primera vez en esta prédica: Do Not Bend Your Knee to Culture // Pastor Josh Howerton // Thriving in Babylon, https://www.youtube.com/live/9lzfx1NITvQ?feature=share.

CAPÍTULO 8. ¿Cómo ser libre de la pornografía?

1. Brad Witter, «Marilyn Monroe Didn't Actually Pose for the First Issue of "Playboy"», Biography, 8 septiembre 2020, https://www.biography.com/news/marilyn-monroe-playboy-first-issue-didnt-pose#:~:text=The%20naked%20truth%20about%20Marilyn,for%20the%20magazine%20at%20all.

2. «10 Negative Effects of Porn on Your Brain, Body, Relationships, and Society», Fight The New Drug, https://fightthenewdrug.org/10-reasons-why-porn-is-unhealthy-for-consumers-and-society/.

3. «Pornography Statistics», CovenantEyes, https://www.covenanteyes.com/pornstats/.

4. Ibíd.

5. «How Does the Porn Industry Make Its Money Today?», Fight The New Drug, https://fightthenewdrug.org/how-does-the-porn-industry-actually-make-money-today/.

6. Alexis Kleinman, «Porn Sites Get More Visitors Each Month Than Netflix, Amazon And Twitter Combined», Huffpost, 6 diciembre 2017, https://www.huffpost.com/entry/internet-porn-stats_n_3187682.

7. «Lujuria», Diccionario de la Real Academia Española, https://dle.rae.es/lujuria.

8. Christopher Yuan, *Holy Sexuality and the Gospel* (Colorado Springs: Multnomah, 2018), p. 62 [*Sexualidad santa y el evangelio* (Texas: Editorial Mundo Hispano, 2020)].

9. «10 Negative Effects of Porn on Your Brain, Body, Relationships, and Society», Fight The New Drug, https://fightthenewdrug.org/10-reasons-why-porn-is-unhealthy-for-consumers-and-society/.

10. «Pornography Statistics: A Comprehensive Overview», CovenantEyes, https://www.covenanteyes.com/pornstats/.

11. «10 Negative Effects of Porn on Your Brain, Body, Relationships, and Society», Fight The New Drug, https://fightthenewdrug.org/10-reasons-why-porn-is-unhealthy-for-consumers-and-society/.

12. «What Does Porn Do to Your Brain? 3 Effects of Porn on the Mind», Canopy, https://canopy.us/2020/10/19/what-viewing-pornography-does-to-your-brain/#:~:text=In%20contrast%2C%20pornography%20impacts%20the,same%20level%20of%20perceived%20pleasure.

13. «Pornography Statistics», CovenantEyes, https://www.covenanteyes.com/pornstats/.

14. «10 Negative Effects of Porn on Your Brain, Body, Relationships, and Society», Fight The New Drug, https://fightthenewdrug.org/10-reasons-why-porn-is-unhealthy-for-consumers-and-society/.

15. Esta frase se les atribuye a varias personas, incluyendo a Mahatma Gandhi.

CAPÍTULO 9. ¿Está mal si quiero ser popular y tener más seguidores?

1. «Rich Villodas on What's Wrong with Western Spirituality», https://youtu.be/FaP2OEoNnio.

2. Ministerios Ligonier, El Catecismo Menor de Westminster, https://es.ligonier.org/recursos/credos-confesiones/el-catecismo-menor-de-westminster/.

3. Leonard Kim, «I Think Everyone Should Get Rich And Famous», Medium, 3 julio 2015, https://medium.com/@mrleonardkim/what-did-jim-carrey-actually-mean-ff98cea4b917.

4. Goodreads, https://www.goodreads.com/quotes/799916-i-think-we-delight-to-praise-what-we-enjoy-because.

5. He visto este chiste en diferentes partes de internet, pero la primera vez que lo escuché fue en este video, en el minuto 0:25, https://www.youtube.com/watch?v=X-4ift5yDUg.

6. Pete Scazzero, *Emotionally Healthy Discipleship* (Grand Rapids, MI: Zondervan, 2021), p. 67 [*Discipulado emocionalmente sano* (Nashville, TN: Editorial Vida, 2022)].

7. Ibíd.

CAPÍTULO 10. Sigue a Jesús; puede que te vaya peor

1. Mi pastor Josh Howerton compartió sobre este tema en sus redes sociales en: https://www.instagram.com/p/CopXkp-Oav6/.

2. John Wesley, citado en J. D. Greear, *What Are You Going to Do with Your Life?*, (Nashville, TN: B&H Books, 2020), p. 103.

CAPÍTULO 11. Tu problema de ansiedad es más espiritual de lo que piensas

1. «Generation Z and Mental Health», The Annie E. Casey Foundation, 14 febrero 2023, https://www.aecf.org/blog/generation-z-and-mental-health.

2. «How America Became the World's Most Anxious Country», Big Think, https://bigthink.com/articles/america-the-land-of-the-anxious-and-the-home-of-the-stressed/#:~:text=Sociologists%20who%20measure%20anxiety%20levels,the%20second%20world%2Danxiety%20slot.

3. «Estado mental del mundo», p. 5, https://mentalstateoftheworld.report/wp-content/uploads/2022/04/Estado-mental-del-mundo-2021.pdf.

4. Ibíd., p. 21.

5. UNICEF, «Estado mundial de la infancia 2021. En mi mente», p. 6, https://www.unicef.org/media/108166/file/Resumen%20regional:%20America%20Latina%20El%20Caribe%20.pdf.

6. Fernanda Paúl, «Hoy la depresión entre adolescentes no solo es mucho más frecuente, sino más severa, con mayor sintomatología y mayor riesgo suicida», BBC News Mundo, 9 marzo 2023, https://www.bbc.com/mundo/noticias-64745414.

7. Robert L. Leahy, Ph. D., «How Big a Problem Is Anxiety?», *Psychology Today*, 30 abril 2008, https://www.psychologytoday.com/us/blog/anxiety-files/200804/how-big-problem-is-anxiety.

8. «Salud mental», Medline Plus, https://medlineplus.gov/spanish/mentalhealth.html.

9. Rob Gabrielle, «What Americans Fear Most: 2023 Fear Ranking», Safe Home, https://www.safehome.org/home-safety/american-fear-study/.

10. Rich Villodas, *The Deeply Formed Life* (Estados Unidos: WaterBrook, 2020), p. 79.

CAPÍTULO 12. ¿Cómo cuidar tu salud mental si sigues a Jesús?

1. Markham Heid, «Most Things You Worry About Will Never Actually Happen», Medium, 15 agosto 2019, https://elemental.medium.com/most-

things-you-worry-about-will-never-actually-happen-83bff850c5f9#:~:text=
For%20the%20study%2C%20researchers%20at,worries%20did%20
not%20come%20true.

2. «La luz azul del móvil sigue siendo un problema para conciliar el sueño», El Mundo, 31 julio 2017, https://www.elmundo.es/tecnologia/2017/07/31/597f2fdb4 68aeb92548b4603.html.

CAPÍTULO 13. Adiós YouTube

1. Kara Fox, «Instagram worst social media app for young people's mental health», CNN, 19 mayo 2017, https://www.cnn.com/2017/05/19/health/ instagram-worst-social-network-app-young-people-mental-health/index. html#:~:text=Story%20highlights&text=Instagram%20is%20the%20 most%20detrimental,Public%20Health%20in%20the%20UK.

2. Vanessa Yurkevich, «Why experts worry TikTok could add to mental health crisis among US teens», CNN, 11 enero 2023, https://www.cnn.com/2023/01/11/ tech/tiktok-teen-mental-health/index.html.

3. Helen Lee Bouygues, «Social Media Is a Public Health Crisis», U. S. News, 20 julio 2021, https://www.usnews.com/news/health-news/articles/2021-07-20/ social-media-is-a-public-health-crisis.

4. Dr. Cal Newport, TEDxTysons, «Quit social media», https://youtu.be/3E7hkPZ-HTk.

5. Jean M. Twenge, Ph. D., «How Dare You Say Narcissism is Increasing?», *Psychology Today*, 12 agosto 2013, https://www.psychologytoday.com/intl/blog/ the-arcissism-epidemic/201308/how-dare-you-say-narcissism-is-increasing.

6. Jaron Lanier, *Ten Arguments for Deleting Your Social Media Accounts Right Now* (Estados Unidos: Picador, 2018), p. 47 [*Diez razones para borrar tus redes sociales de inmediato* (Barcelona: Debate, 2018)].

7. Caroline Miller, «¿Podrían causar depresión las redes sociales?», Child Mind Institute, https://childmind.org/es/articulo/causan-depresion-las-redes-sociales/.

8. Nona Jones, *From Social Media to Social Ministry* (Grand Rapids, MI: Zondervan Reflective, 2020), p. 59.

9. A. J. Swoboda, *Subversive Sabbath* (Grand Rapids, MI: Brazos Press, 2018), p. 7.

CAPÍTULO 14. Si Jesús tuviera redes sociales...

1. «If social networks were countries, which would they be?», World Economic Forum, 28 abril 2016, https://www.weforum.org/agenda/2016/04/ facebook-is-bigger-than-the-worlds-largest-country.

2. «Saduceos», Enciclopedia de Historia, https://enciclopediadehistoria.com/ saduceos/.

3. James Emery White, *Meet Generation Z* (Grand Rapids, MI: Baker Books, 2017), p. 42.
4. Ibíd.
5. Fred Felder, citado en Ibíd., p. 57.
6. Bob Pittman, citado en Ibíd., p. 57.
7. Andy Crouch, *Culture Making* (Estados Unidos: InterVarsity Press, 2008), pp. 67-70.
8. Timothy Aeppel, «50 Million Users: The Making of an "Angry Birds" Internet Meme», *The Wall Street Journal,* 20 marzo 2015, https://www.wsj.com/articles/BL-REB-31381.
9. Ibíd.
10. Emil Protalinski, «Instagram Passes 50 Million Users», ZD Net, 1 mayo 2012, https://www.zdnet.com/article/instagram-passes-50-million-users/.
11. «ChatGPT Reaches 100 Million Users Two Months After Launch», The Guardian, 2 febrero 2023, https://www.theguardian.com/technology/2023/feb/02/chatgpt-100-million-users-open-ai-fastest-growing-app.
12. J. D. Greear, *Jesus, Continued...* (Grand Rapids, MI: Zondervan, 2014), p. 53.

Conclusión. Polvo, sandalias y seguidores

1. M. Gracin y Ervin Budiselić, «Discipleship in the Context of Judaism in Jesus' Time», p. 211, https://hrcak.srce.hr/file/333538#:~:text=Three%20stages%20of%20education%20within,Bet%20Talmud%2C%20and%20Bet%20Midrash.
2. «Covered in the Dust of Your Rabbi: An Urban Legend?», Our Rabbi Jesus, https://ourrabbijesus.com/covered-in-the-dust-of-your-rabbi-an-urban-legend/.
3. John Mark Comer, «Practicing the Way of Jesus», min 14:05, https://youtu.be/ri_7383zXwU.